LIBERO DI SOGNA

生而自

[意] 弗朗哥·巴雷西

袁枫 译

FRANCO
BARESI

弗朗哥·巴雷西的
|追|梦|人|生

北京联合出版公司
Beijing United Publishing Co.,Ltd.

从来没有其他球员像巴雷西一样

对物理空间的理解能够如此完美。

我真的希望，在我创作电影时，

能够像巴雷西理解比赛一样，

领会人物的内心以及诸如亚马孙河这样的空间范畴。

沃纳·赫尔佐格

中文版序

致亲爱的中国读者：

　　能够通过这本自传，向中国读者讲述我的故事，从而接触到更多热爱足球比赛、热爱生活的朋友，我深感荣幸，也满怀感激。

　　我有幸多次访问这个美丽的国家，与大家共享我的旅程时，我始终怀着深深的感激和谦卑。在我心里，中国占据着特殊的地位，因为中国人民总是给予我大力的支持。

　　中国曾经张开双臂拥抱 AC 米兰。从北京充满活力的街道，到上海以及其他繁华的城市，我目睹了中国人民对足球，尤其是对我们挚爱的 AC 米兰的热情。我们俱乐部悠久的历史以及传统与人们的价值观产生了深刻的共鸣，能够打动成百上千万中国人民的心，我深感自豪。此外，我要感谢 AC 米兰的中国拥趸们为培养社区意识所做的卓越努力。我们的承诺超越了足球领域的界限,因为我们努力成为传递彼此文化的大使,相互尊重并缔结友谊。我们将共同努力,继续搭建桥梁,颂扬两国人民共同的价值观。我们将塑造足球的未来,鼓舞子孙后代。

这本自传记录了我的童年以及球员时代的生活,详细描述了我所面对的种种挑战,正是这些挑战将我塑造成今天的我。从穷人家的孩子成长为全世界最优秀的球员之一,这本书可以说概括了我排除万难的过程,以及对成为伟大球星的不懈追求。因为早年便失去双亲,所以我的生活曾经十分艰难。生活带给我的挑战似乎无法克服,但在我内心深处,却燃烧着决心的火焰,拒绝向恶劣的环境低头。在这本书中,我将与大家分享我人生中高潮、低谷以及胜利的时刻,这些定义了我是怎样的球员,怎样的人。这是一个关于坚持不懈的故事,一个关于超越环境限制、保持坚定信念的故事。

在如今的中国,经济快速发展,技术不断进步,社会鼓励创业,机会比比皆是。在中国度过的时光里,我亲身感受到中国人民追求梦想的决心和激情。我看见了中国取得的巨大进步和发展。你们的国家如雄心勃勃的灯塔般矗立着，鼓励创新，拥有充满无限可能性的美好未来。我毫不怀疑，你们的梦想将继续塑造人类历史的进程。

在分享我的故事时，我的目标是激励大家勇于接受生活中的挑战，克服困难，始终不放弃自己的抱负。成功不应该只用胜利来衡量，还应该用面对逆境时展现出的品性和力量来衡量。这本书不仅是关于足球的，它还讲述了人类精神在超越逆境时展现的非凡力量，同时向教育蕴含的变革力量及其所提供的机会致敬。我坚信，知识和学习能够终结贫穷，点燃无限的可能。尽管前进的道路上布满荆棘，我还是希望自己分享的内容能够引起你们的共鸣，证明无私奉献、坚持不懈、不屈不挠的人类精神在追求梦想时能够展现出非凡的力量。

感谢你们和我一起踏上这段旅程。

怀着最大的谦卑和感激之情，

弗朗哥·巴雷西

于米兰，2023 年 7 月 13 日

引　言

　　小时候，我从未想象过机场候机厅是什么样子。但如今，我已经看见过世界各地的候机厅，从气势宏伟的现代化航站楼到临时机场，从加拿大到阿尔及利亚，从蒙古到日本。尽管所处的地点不同，但在我看来，它们似乎都有一种莫可名状的相同之处：一排排座椅整整齐齐，对面的屏幕则显示着航班号、目的地和信息。就好像这些候机厅迎候的旅客们心怀的希望和畏惧都大同小异，不管他们踏上旅程是为了工作，为了旅行，为了最后一次与心爱之人相会，还是为了庆祝冠军联赛最终折桂，又或许是遗憾世界杯未能问鼎。

　　墨西哥城贝尼托·胡亚雷斯国际机场的候机厅也不例外。在我身旁，一位穿着讲究的女士正在读书；两位面露疲惫的绅士边喝啤酒边聊天，说的是我听不懂的语言；一位年轻姑娘用笔记本电脑工作着。他们是何许人也？有着怎样的故事？是否实现了自己的目标，或者还在为实现目标而努力？

他们抵达了自己始终梦想的地方，还是生活的小插曲把他们带到了意想不到的方向？而我呢？我抵达的又是哪里呢？

今天上午，我被介绍给位于墨西哥帕丘卡的足球与体育科学大学的学生们时，被定义为取得过足球历史上最伟大成就的球员之一，作为论据的是我在 1994 年美国世界杯上的传奇表现。他们谈到我的膝盖、梦想以及毅力。

我听到这些话的时候，感觉他们说的是别的什么人，也许是因为我从未以这样的角度思考过我和我的所作所为。成就？我没能罚进那个点球。冠军？我输掉了那场决赛。

在回家的飞机上，我回顾了那次会面的过程。我不相信成功无法归结为单一的公式。关键时刻靠的究竟是天赋、运气，还是天时地利？尽管存在不确定性，但有一件事我肯定无疑：自从退役以来，我开始明白，输赢不仅仅是举起奖杯那么简单，还关系到更深层次的东西，与梦想本身无关，却与实现梦想的努力有关。

我将思绪拉回童年时代，拉回我足球生涯起始的那些简易球场。从最开始那些简陋的球场到全世界最伟大的体育场，或许有些东西发生了变化，但我始终没有变过。我就是弗朗哥·巴雷西。我生而自由。

20世纪70年代初，奥拉托里奥·特拉瓦利亚托体育联盟合影，弗朗哥·巴雷西（下排右起第二名球员），他的兄弟贝佩（上排左起第三名球员）。

20世纪70年代初，奥拉托里奥·特拉瓦利亚托体育联盟合影，弗朗哥·巴雷西（下排右起第二名球员），他的兄弟贝佩（上排左起第三名球员）。

1978—79 赛季，弗朗哥·巴雷西和瑞典教练尼尔斯·利德霍尔姆在米兰内洛训练基地。

弗朗哥·巴雷西，摄于 1979 年 3 月 25 日，1978—79 赛季意甲联赛第 23 轮，AC 米兰—维琴察（0—0）。

1979 年意大利足球先生奖现场，弗朗哥·巴雷西与金球奖得主詹尼·里维拉（左），以及教练尼尔斯·利德霍尔姆（中）。

弗朗哥·巴雷西在 1981—82 赛季。

1984 年 10 月 28 日，意甲 1984—85 赛季中，弗朗哥·巴雷西对阵德国前锋卡尔－海因茨·鲁梅尼格（AC 米兰—国际米兰，2—1）。

1989 年 11 月 11 日，1989—90 赛季意甲联赛第 12 轮，AC 米兰—国际米兰（3—0）。

弗朗哥·巴雷西与教练阿里戈·萨基在米兰内洛训练基地。

弗朗哥·巴雷西，摄于 1990 年 5 月 23 日，维也纳，欧洲冠军杯决赛，AC 米兰—本菲卡（1—0）。

1990 年 12 月 9 日，在 1990—91 赛季，AC 米兰战胜亚松森奥林匹亚赢得洲际杯冠军。

1994 年 7 月 17 日，在美国帕萨迪纳举行的 1994 年世界杯决赛中，弗朗哥·巴雷西对阵巴西前锋罗马里奥。

1994 年 7 月 17 日，在美国帕萨迪纳举行的 1994 年世界杯决赛中，意大利队合影。

弗朗哥·巴雷西高举奖杯，摄于 1995 年 2 月 2 日，1994 年欧洲超级杯，ΛC 米兰—阿森纳（2—0）。

弗朗哥·巴雷西和他在 AC 米兰 20 年的职业生涯里的所有球衣。

弗朗哥·巴雷西与 AC 米兰主席西尔维奥·贝卢斯科尼（右二）、主教练法比奥·卡佩罗（左一）和来自荷兰的队友马尔科·范巴斯滕（右一）。

目 录
CONTENT

帕萨迪纳，1994年7月17日

　　我瘫倒在地，感受着体育场内鸦雀无声的寂静。抽筋使我动弹不得。但我心里没有丝毫畏惧，我的信念并未动摇。电动车驶入场内，载我离场。

　　这届世界杯中我已经两次受伤离场。

　　第一次是小组赛对阵挪威。半月板损伤。一切似乎都结束了。

　　第二次就是今天下午。一切似乎都将重新开始。

　　队医问我是否能够继续比赛。我没有动摇。疼痛只不过是一种精神状态。我再次开始奔跑。

　　没有什么能阻止我踢完这场比赛。

我深知快乐的感觉。早在孩提时代，我就懂得那种感觉。那时，我尚未在那些气势宏伟的球场，尚未在热情、疯狂的球迷和实力强劲的队友的见证下踢球，甚至在输赢尚未判定之时，玩耍的快乐已经超越了结果。因为我拥有自由的灵魂。我喜欢亲近大自然，喜欢在球场周围涨满水的沟渠里游泳，脚踩湿润的泥土，脸浸在清澈的水中。新割的草散发的清香，尤其是在仲春时节，对我而言极具魔力。我和其他孩子都期盼着球场割草，这样一来，我们就可以在完美的草坪上踢球了。赤脚在刚刚修整过的球场上奔跑，任由新鲜的草抚摸着我的双脚，那样的快乐极其纯粹。如果有人想知道快乐是什么，他们只需要在这样的球场上扔给我们一个球，便可亲眼见证何谓快乐。

1960 年春天，我出生在特拉瓦利亚托当地的一家医院，特拉瓦利亚托是布雷西亚省附近的一个小村镇。我的记忆力向来不佳，但这并没有给我带来困扰，也许是因为我始终认为只记住真正重要的事情就好。而过往的那些片段，每当被拼凑在一起，都在竭力帮我解释着整个人生：满腔热情、偶然相遇、意外插曲、杰出人物、揪心之痛，以及过望之喜。如果单独分析这些因素，似乎就能解开谜题，揭晓为何有的人赢得胜利，有的人则成为输家。但总体而言，它们使一个人成为独一无二、无法复刻的存在。人们在街头、学校或者足球场上拦住我，问我怎样成为冠军球员，我总会这样回答："做你爱做的事。只有这样，某些非同凡响、超乎想象的事情才会发生。"

我最早的记忆要追溯到一个神奇的时代，那时候，家里还没有电视，我们这些孩子成日穿的都是围裙。我穿的是幼儿园的白围裙，我的两个哥哥穿的是小学发放的带领结的黑围裙。露西娅是长姐，接下来是安杰洛、贝佩（朱塞佩·巴雷西）和我。我刚开始上幼儿园的时候，贝佩上一年级，安杰洛上的是三年级，露西娅则是五年级，每个孩子相差两岁。小妹妹埃马努埃拉比我晚9年出生，成为我家的意外之喜，全家人都想抱抱她。我父母都是办事有条不紊的人，尤其是我母亲——雷吉娜，她总会确保孩子们个个干净而整洁：头发梳得顺顺溜溜，围裙洗得一尘不染，鞋子擦得油光锃亮。所有人都会认为我们得到了完美的照料。时至今日，当我想起母亲，想起她为我拢起头发、系好围裙，仍会为她当年在乡下悉心抚养那么多孩子所必需的坚忍所感动。我能够从自己日常的行为举止中发现，自己被她传授的关注细节的习惯，比如我会为重要活动准备衣服，又比如赴约时我通常会早到，因为让别人等待很不礼貌。

我总算在 4 岁的时候上了幼儿园，这对母亲来说是一种解脱，因为她有半天的时间不用照顾孩子，可以专注于家务。对我来说，这却很难，尤其是刚入园那段时间。我是个害羞、内向的孩子，这又是我第一次真正离开自家农舍，离开那个受到保护的封闭世界。在幼儿园的时候，很多次我都不吃午饭，因为我只习惯吃妈妈准备的食物。友谊方面也是如此。和这么多素不相识的孩子待在一起，我感到很不自在。并不是因为我喜欢独处，而是因为我总是需要时间来适应新事物。如果我遇到特别适合的环境以及相处融洽的人，我宁愿不做改变。也许正因为这样的习惯，第一次踏入 AC 米兰的训练基地米兰内洛的 40 多年后，我仍然在 AC 米兰效力。

我们住的农舍距离城镇有几千米远。农舍加上周围的庭院，整体构成马蹄形。门廊下面堆放着农用机械，宽敞的院落共有 3 个出口：位于中间的出口连着通往城里的大路；另一个通往菜园、果园和一眼可口的清泉；最后一个则是拖拉机专用出口，它让拖拉机直接驶往需要耕种的田地。

我们和6户农民住在那里，大约有30人，包括我的叔伯、堂兄弟，还有其他两个家庭。我很小的时候，所有人都聚在一个大房间里吃饭。后来，我的祖父母把农舍分割开来，每个家庭都从中分得一部分。我们住在农舍的一侧，房子正对牛棚。

厨房位于我们家一楼，里面生着燃煤的炉子，一楼还有个小餐厅，餐厅里有张坚固的深色木桌，我们吃饭时都围坐在木桌旁；位于屋外的楼梯通往二楼，那里有两间卧室，一间由我父母住，一间则供我们这些孩子住：我、贝佩和安杰洛睡一张双人床，露西娅独自睡另一张床，中间用帘子隔开。浴室在外面，位于农舍一角。如果想要洗澡，我们得先用炉子烧水，然后把水倒进浴缸，接着轮流打肥皂，冲洗。随着冬天的到来，整个过程都变为在牛棚里进行，感谢那些可爱动物的存在，那里成了全家最暖和的地方。

我们这些孩子什么都会彼此分享：挤牛奶时的好奇，喂小鸡时的无聊，和父亲及叔叔一起放牛、带它们啃青草接着到河边饮水时的满足，目睹小鸡新生的奇妙，还有踢球时的满腔激情，这种激情是那样纯粹，任何东西、任何人都不能玷污它。我们拿出球衣，搁在地上，划定假想球门的范围，在不设守门员的情况下踢比赛。至于谁跟谁一队，要看都有哪些人到场。如果有人缺席，我们就去最近的农场招呼几个孩子一起玩。有时我们踢 2 对 2，有时则是 3 对 3。然后我们更换队伍，重新开始。最重要的是踢球：传球、停球、射门、尝试过人或者完成对手无法预测的动作，就像魔术师变戏法一样。

我们用的是我们当时仅有的那种球。可能小而凹凸不平，也可能大而平滑，而且很轻，用力踢的时候根本无法预测它会飞向哪里。球的形状和硬度无关紧要，即使是一堆破布绑在一起也没问题。曾经有人给了我们一个真正的足球，一个职业球员用过的棕色皮革足球，我们高兴不已，决定加倍爱惜它，就好像它是我们这帮小伙伴必须小心保护的珍宝。一年中的大部分时间，我们都在院子里踢球，如果在柏油路上踢，皮革会磨损甚至剥落。原本闪闪发亮的棕色足球，会逐渐变得脏旧、粗糙。于是，每天踢完球，我们都从地窖里拿出一张猪皮，在球的表面反复摩擦，给它涂上油脂，以延长它的使用寿命。我们之中没有赢家，也没有输家。大家在一起踢球的目的并非击败对手，只是为了让自己感觉更加出色，更加强大；那时候，我们要的不是这些，自由自在是更重要的事：无拘无束，无忧无虑，无惊无惧。

我也会独自踢球，朝着墙壁或者门廊的柱子踢。我这样做，只是因为我喜欢踢球，喜欢足球接触脚后弹开的感觉，无论在外面，还是在家里。我可以连续踢几个小时，感觉不到疲倦或者无聊。不知不觉，在我4岁的时候，我已经像年轻球员那样日复一日地训练，通过练习来提高技术。

农舍的生活节奏由大自然掌控。季节更迭，要完成的任务随之变化，每天要干的活儿也在变化。我们总在秋天播种，由于白天变短了，放学后孩子们在院子或者田野里的时间也变少了。对于这一点，我倒是没什么感觉，虽然我喜欢待在外面，但即将到来的冬天也有其优势。

我并不怀念乡村本身，我怀念的只是在春日被公鸡的啼叫或者鸟儿的欢聚唤醒。时光荏苒，我已经习惯了城市的节奏和喧嚣。我不怀念我曾劳作于其间的田地，对我来说，那里基本意味着繁重的工作以及贫穷的生活，但在内心深处，我怀念自己度过童年的那片土地，在那个神奇的地方，任何事情都可能发生，它更是我珍藏在记忆中的圣地。我怀念圣露西亚节，在我故乡所属的地区，这个节日曾经取代了圣诞节的地位，现在却几乎销声匿迹了。

12月12日是圣露西亚节前夜，也是一年中最激动人心的日子。圣女黉夜乘着驴车降临人间，给孩子们带来礼物。为了感谢她，我们会好心地在马厩里放一碗牛奶，外加一些干草，款待那头兢兢业业的驴，它得在一晚的时间里走遍所有农舍。圣女会给每个孩子留下些什么，幸运些的孩子会得到一个球或者一辆自行车，家境穷困的孩子则会得到一个锡制玩具和一些糖果。次日清晨，孩子们醒来时，都为前一晚圣女所施的魔法欢呼雀跃。

今天，我想请求圣女带我回去，回到那无忧无虑的年月，哪怕只有短短一瞬。那时，一切皆有可能，一个乡下孩子的梦想会在一年中最黑暗的夜晚实现。我很想找回很久以前踢球时的那种热情，那时我没有计划，没有球队，更没有奖杯可以争取，也没有预先确定的方案，唯一的想法就是每次有机会时都全身心地去感受自由自在踢球的莫大乐趣；或者再次体验与特拉瓦利亚托市集同时到来的复活节盛宴。当年，我们这些孩子惊讶不已地观看魔术表演，然后迷途于镜子迷宫之中。

季节交替，白天再次变长，万物生长的时节到来，直至夏季。夏季是小麦收获的季节，而这场收割小麦的盛宴中也有我们这些孩子的身影。傍晚时分，我们都在打谷场集合，麦捆被搬到那里，将麦粒与其他部分分开。我们会围坐成一圈，挨个儿擦洗耳朵。我们会通过讲故事、唱歌来庆祝丰收。丰收带来人们所需的繁荣，帮助人们度过又一个冬季，使他们免受饥饿的折磨。

收获葡萄是我最钟爱的时刻之一，时间是9月底到10月初，收获在黎明时分进行，整个乡村被露水覆盖。尽管学校开学已有几天时间，收葡萄仍是个翘课的好借口。我喜欢用剪刀把葡萄从藤蔓上剪下来，或者帮忙清除葡萄的叶子和其他多余的部分，但我最喜欢的部分还是踩葡萄：先把自己洗得干干净净，然后被放进大木桶里面，和其他孩子及妇女一起脚踩着葡萄，脸上挂着笑容。我的双腿都被染成了紫色，葡萄在我脚下裂开，释放出葡萄汁，这一切都带给我愉悦的感受。

我身材单薄，性格内向，沉默寡言，但当我目睹家人和朋友在辛勤工作中也能够分享快乐时，也不由得感到欢欣鼓舞。大家团结一心，互相帮助，各尽所能。没有人感到被排斥其外，每个人都清楚，自己必须为共同利益贡献力量，先人而后己。这再简单和自然不过。这种相互交融、同心同德的感觉无处不在，甚至渗透进我的肌肤，就像我身体天然不可或缺的部分，而且多年来一直保持着这样的感觉。

如今，足球逐渐成为人们关注的焦点。曾经，一切都要浪漫得多，或许这只是我根深蒂固的想法，因为童年是人生中最为浪漫的时光。我记得，我们在周日下午只踢一场球，然后就通过收音机收听乔蒂和阿梅里解说意甲关键的赛次。我怀念那时的足球，以自由和诗意作为基本特征。如今，个人利益通常占据主导地位，对团队和队友的关注越来越少。受到动辄价值数百万美元的合同、个人赞助商、社交媒体粉丝的制约，抛头露面已经变得不可或缺……也许我们跑得实在太快，又不知道究竟要前往何方。不仅口头语言出现退化现象，我们也将身边的人忘到脑后，不再重视小事。然而，我却觉得必须为这个世界做出更多贡献。也许因为从童年开始，我就了解到不丢下任何人、珍视每个人的优点是多么重要。我对团队的奉献并非源自纯粹的算计，而是完全出于自发。公认的领袖均应真挚、诚恳，不需要时时处处竭尽所能，但该他做的事情必然要做得妥妥当当。与队友相处，我从无私利，有时甚至直言不讳，但始终努力保持那种温和的勇气，以激励他们勇往直前。

虽然我也说不清，自己的领袖气质究竟是与生俱来的，还是依赖于童年被灌输的牺牲精神，但从一定程度上来讲，我相信自己一直拥有这样的品质。当然，除了这样的个人品质，能够在职业生涯初期近距离观察像詹尼·里维拉这样的传奇人物，我无疑是幸运的。我记得，初次来到米兰内洛，就眼见他如何淋漓尽致地展现自己 —— 不但能轻松胜任自己的位置，还能帮助队友们完成任务。凡是听过他说话的人，都会惊讶于他言谈的优雅和用词的简明扼要。如果说我本身就已经具备了某些领导者的品质，里维拉则向我展现了如何在足球场上将它们发挥出来。

能够像里维拉一样，戴上 AC 米兰的队长袖标，我感到非常荣幸。这一荣耀我保持了整整 15 年。有人可能会说，荣耀也会带来负担。但在 20 岁时，我还没有思考过这个问题，一切的发展似乎都顺其自然，就连承担责任都会带来满足感。

原因是我很快乐。

帕萨迪纳，1994年7月17日

　　我从未想过自己能够在足球道路上走得这么远，但我清楚有时候梦想的确会成真。

　　终场哨声响起时，极高的温度和湿度仍然令人窒息。球衣已经完全粘在了我们的皮肤上。

　　决定命运的时刻越来越近——以点球大战的形式。

　　主教练在场边等待着我们。

　　我们的视线扫过彼此的脸，寻找着那种心照不宣的纽带，这样的纽带将驱使我们迎接命运的挑战。

　　但所有人都沉默不语。

　　这并非畏惧，更像是一种尊重……尊重我们的命运。

　　我这样回应主教练："好的，第一个点球由我来罚。"

我怀念童年的雪。冬日酷寒难耐，但下雪的时候，就像有什么神奇的东西从天而降，以魔法覆盖世间万物。锋利的农业机械变成柔软闪亮的雕塑，结冻的黑土变成光滑的绒毯，一下子就让我们的靴子陷进去了。雪将乡村刷成白色，营造出一种童话般的气氛，一切都笼罩在原始的寂静之中。

有几次，雪下得极大，铲雪机花了几天时间才赶到我们住的农舍。我们发现自己与外面的世界隔绝了。这种感觉前所未有，就像生活突然暂停了，将我们从困苦之中解脱出来。我们这些孩子没法去上学，于是就开心地玩雪球、打雪仗，直到双手冻得发青。不过，有时父亲会用拖拉机拽着雪橇，带着我们跨越新雪的阻碍，前往特拉瓦利亚托，这样我们就不会落下学校的课程了。

作为孩子的我，敏锐地意识到双亲所做的牺牲，为的是给我提供他们从未有过的机会。他们最担心卑微的出身会限制我们对未来的期待。教育是重中之重。他们相信，只要接受尽可能好的学校教育，取得优异的成绩，我们就能有所成就。其他一切都是次要的。

我还清楚地记得第一天上学的情景。妈妈在我的黑围裙上系了个白领结，那个领结是安杰洛用过的，他当时上五年级。领结对我来说有点大，在同龄孩子里面，我的身材偏纤瘦，但我没有抱怨，因为我不应该抱怨，也或许是因为我对即将上学感到过度紧张。妈妈对我的头发做了最后的调整，感觉自己的儿子终于达到了完美的状态，才牵着我的手，带我前往学校。

孤单一人的时候，我就会怅然若失。我被带进教室，便坐在桌旁，感觉喉咙哽住了，但仍旧试着朝同学们微笑。我感觉，我当时的微笑更像是因为害怕而露出的痛苦表情，因为根本没人回应我糟糕的交友尝试。直到一个人的出现才改变了尴尬的局面，她就是巴斯蒂亚尼夫人，在我生命的那 5 年里，她就像夜里的灯塔一样，指引着我前进。

我记得，她的着装总是无可挑剔，穿得就像我们周日去教堂一样端庄得体。她经常穿一件深灰色的正装，配一条过膝的裙子以及一双浅色鞋子，她的棕色秀发剪得偏短。她的态度日常总是很严肃，但她是我有幸遇到的最善良的人之一。

在她的帮助之下，我逐渐适应了学校生活，也很快感受到同学和老师的接受和喜爱。她从来不掩饰对学生们的关爱之情。想想看，就好像是某个神明目光仁慈地俯瞰着特拉瓦利亚托，决定把巴斯蒂亚尼夫人派给我们，使我们的童年不那么艰难。她很清楚我们什么时候需要训斥，什么时候需要拥抱。

说实话，求学向来不是我的强项。我学习起来有些吃力，心里总想着踢球。但我在课堂上表现优异，为了讨老师和妈妈的欢心，所有科目我都会尽力取得不错的成绩，尤其是在写作方面。

多亏了巴斯蒂亚尼夫人，我记忆中的小学时期仍然笼罩着无忧无虑的和谐光环，没有不必要的焦虑。中学时期则并非如此，那里的环境更严苛，使我的学校生活变得尤其艰难。

我仍然记得，法语课对我而言是真正的折磨，导致我在学习方面的困难不断累积，以高中四年级签下第一份职业足球合同后便放弃学业而告终。虽然上课跟训练冲突是冠冕堂皇的理由，但其实，告别学校对我来说意味着真正的解放。当我认识到学习的重要性时已经太晚，没有获得高校文凭一直都是我的遗憾。

每次返回故乡，我都会问起巴斯蒂亚尼夫人。我也不知道出于什么原因，多年来我从未去看望过她。也许感恩是一种回首过去的情感，我的目光一向只着眼于未来，我那兼具雄心和忧虑的未来，或者在内心深处，我害怕埋藏已久的情感再次泛起。直到几年前，留在特拉瓦利亚托的姐姐露西娅告诉我，已到耄耋之年的巴斯蒂亚尼夫人住在一家养老院。我渴望再见到她。时间已不允许我再耽搁了，我想最后一次对她说声谢谢。

我捯饬得体面整洁，来到养老院，就像第一天上学一样。护士告诉我，巴斯蒂亚尼夫人虽然神志清醒，但可能已经认不出我了。毕竟，我们已经快50年没见面了。

我走进她的房间时，她正坐在床边的轮椅上。她整个人的轮廓无不显示出岁月的重负。当护士向她解释我是何许人也，我露出害羞的微笑。

我走到她身旁，笨手笨脚地拥抱了她。她的眼睛似乎依旧闪烁着光彩，我脑子里想的都是这50年来让我怀念的微笑和感到安慰的话语。现在，需要它们的是她，我尽管笨嘴拙舌，但仍尝试努力对她微笑，让她知道一切都好，一切都进展顺利，就像她那时对穿着大围裙且无所适从的我所做的那样。

我离开养老院时，仍然无法确定她是否认出了我，这样的不确定让我懊悔没有向她表示应有的感激之情。这样的时刻曾经不止一次地出现，让我意识到我所拥有的远远多于我给予的，这样的时刻通常与给我留下深刻印象的人们有关。但随着他们逐渐从我的记忆中消失，我常常把自己所得到的好处视为理所当然，而事实上，这些恰恰是我有幸获得的最弥足珍贵的东西。

童年的我，感激之情几乎完全集中在足球上。除了上学和做家务，其他时间我过得也很充实，但我仍然会利用空闲时间踢球，即使只有我一个人，即使只能赤脚在水泥地上踢球（为了不弄脏我唯一的一双鞋）。我对足球的热爱与日俱增，周日在我眼里变得愈发神圣，与其说是为了特拉瓦利亚托教堂的清晨弥撒，不如说是为了意甲联赛。

周日中午刚过，我、两个哥哥以及我的朋友们就会在谷仓的门廊下集合，收听电台直播的比赛。大家都屏息凝神，简直就像参加宗教仪式，一旦心爱的球队破门我们就会兴高采烈，失球则会让我们伤心失望。当时，在20世纪60年代，AC米兰和国际米兰是意大利最强的两支球队，包括我们在内的很多孩子都是其中之一的拥趸。我也不清楚自己为什么对 AC 米兰情有独钟，这肯定不是像其他孩子那样受家庭的影响，因为我父亲对足球不感兴趣。我愿意相信，这是因为我对未来的某种预感。在一篮子足球里面，我选择了红黑相间的那个，完全是出于本能。

不管支持的是哪支球队，我们都被电台直播中那激动人心的足球世界吸引，电波从激情满溢的体育场传到我们耳畔。我们听到场上球员的名字，尽管睁着眼睛，却自顾自地做起梦来。看不到的东西往往会引发想象，一旦电台直播的比赛结束，我们就开始踢自己的比赛，想象我们就是球场上的那些冠军球员。

有的孩子想成为特拉帕托尼，有的则想成为国际米兰的瓜尔内里和皮基。我更喜欢想象自己是进攻球员，有一次我化身里瓦——卡利亚里和意大利国家队的著名前锋，另一次是尤文图斯的哈勒，其他时候则是我心爱的红黑军团球员之一，比如普拉蒂、索尔马尼或者里维拉。

当我回想起那些时刻，感觉既遥远又像是发生于不久前，回想起当时的感受，我不禁向自己提出这样的问题：梦想如何诞生，又如何在孩子的脑海中成形？为何有些孩子梦想成为运动员、宇航员、医生、作家或者警察？这究竟是与生俱来，取决于天性，还是取决于他们的成长环境？或许是运气、热情以及奉献精神综合作用的结果吧。

孩提时代，我没有去过体育场，也没有在电视上看过比赛。我不知道球员们都长什么样，他们的头发是长还是短，他们是否会引起观众的欢呼，又或者他们是否能赚大钱。我不在乎这些。我甚至不知道贝利、贝肯鲍尔和克鲁伊夫是谁。我没接触过任何的影像，梦想自然也就无从激发。至少在1970年墨西哥世界杯之前，情况是这样的，当时我只有10岁。

总算放暑假了，我可以充分享受漫长的白天，除了帮忙做家务，剩下的时间都能尽情玩耍。我的世界很小，仅仅延伸几千米的距离。我甚至不知道如何在地图上找到墨西哥，只知道这个国家离意大利很远，远到相差多个时区——当墨西哥还是下午时，意大利却已经是夜晚了。

那年暑假，我第一次关注了世界杯。我无法想象世界杯能够传递出怎样的情感。但似乎所有人都热情高涨，即使是那些通常不关注足球的人。我不知道哪些球队是夺冠热门，也不知道有多少支球队参赛。我只知道意大利队参加了那次世界杯，这就足以让我渴望参与其中。而且，蓝衣军团发挥得很不错：他们顺利地从小组赛阶段晋级，又在四分之一决赛中击败了东道主墨西哥队。

一天下午，我听说当晚有场比赛。我问伙伴我们的对手是谁，结果得知意大利队将在半决赛对阵联邦德国队，那场比赛最终以"世纪之战"的美誉被载入史册。我们都聚在厨房里，那是我第一次在电视上看比赛，当然，那时用的还是黑白电视机。对我来说，这无疑是不可思议的事情，就像接受足球世界的洗礼。当我第一次看到那些冠军球员，那些我和朋友们在院子里踢球的场景中会把自己代入角色的人，我不禁有些惊讶。

比赛在墨西哥城举行。举办比赛的场地是阿兹特克球场，一座令人惊叹的球场。解说员称，现场的观众数量达到 10 万人。我听到意大利国歌，想象着在这么多球迷面前听国歌奏响会有什么感觉。联邦德国队依靠的是一帮冠军球员，后来，他们也成为我欣赏和钦佩的对象，比如队长弗朗茨·贝肯鲍尔和前锋盖德·穆勒。

我看着比赛，判断不出意大利队是否踢得更加出色，但博宁塞尼亚的精彩破门让意大利队取得领先，我也高兴不已。我继续关注比赛，希望意大利队能够赢球，但在补时阶段，同样效力于 AC 米兰的联邦德国队边卫施内林格斩获其国家队生涯的首个兼唯一一个进球，同时将比分扳平。

裁判吹响了终场哨，两队要进行加时赛，我当时甚至都不知道加时赛的存在，那场加时赛让我见证了足球历史上最不可思议的时刻。一切似乎就发生在眨眼之间。我几乎无法跟上情绪的起伏：我还在为意大利队的进球开心，联邦德国队的进球又让我失望，失落的感受尚未消解，令人兴奋的瞬间再次到来。加时赛上半场，以意大利队 3 比 2 领先结束。然后，在加时赛下半场，联邦德国队利用角球机会，打进一个技惊四座的入球，将比分扳平；但仅仅过了 1 分钟，命运就安排我的偶像里维拉打进制胜球，将比分锁定为意大利 4—3 联邦德国！意大利队跻身决赛！

天色已晚，我和两个哥哥上床睡觉。但因为情绪过于激动，我无法入睡，便跟他俩聊天。哥哥们告诉我，决赛将在几天后举行，对手是巴西队。我等不及再看一场国家队的比赛了。我们一定能够成为世界冠军！

决赛于中午 12 点在墨西哥城举行，意大利时间则是晚上 8 点。我们都聚集在电视机前。我听说意大利队并不被看好，但孩子的梦想可以将所有的预测分析都吹走，好像它们只是风中的树叶，我相信意大利队能够完成夺冠的壮举。

比赛开始了。我不认识巴西队球员，注意力只放在意大利队球员身上，但巴西队踢球的方式给我留下了深刻的印象，他们精湛的控球技术以及毫不花哨的传球都让我着迷。后来我才了解，他们场上有多位真正的现象级球员，比如贝利、里维利诺、雅伊尔齐尼奥以及热尔松。开场仅仅 20 分钟，巴西队就取得领先，但意大利队也很快做出回应——利用巴西队的大意，由博宁塞尼亚的破门扳平了比分。我听说，因为上一场踢了加时赛，意大利队队员已经很疲惫，在电视机前，大家都在讨论主帅瓦尔卡雷吉应该怎么做：换下筋疲力尽的球员，换上里维拉……我默默地听着，对我来说，他们的分析都挺有道理。我也仍然抱着希望。然而，在下半场，巴西队球员利用了意大利队体能下降的劣势，凭借他们出类拔萃的踢法，不但再次取得领先，而且以 4 比 1 的比分拿下胜利。巴西孩子的梦想是否比我的更加美妙？谁知道呢？或者也许一个孩子的梦想根本无法影响一场决赛的结果。

有人关掉了电视。大人们试着让我们高兴起来。可是大家被比赛影响了兴致，都默不作声地上床睡觉去了。皎洁的月光照亮了整个乡村。我朝楼梯走去，准备上楼去睡觉。那场决赛一直萦绕在我的脑海中。我感到极其失望，同时思绪也在飞扬。我想知道，在世界杯的赛场上身穿国家队的球衣感觉如何。于是我闭上双眼，幻想自己站在场内聆听意大利国歌，数百万人通过电视注视着我。那种感觉肯定令人难以置信，但我那时丝毫没有感受到。也许是输掉决赛的沮丧影响了我，也许是因为世界杯以及能够容纳10万观众的体育场离我家的农场实在太遥远。

单纯的童年对我而言是一种财富。生活虽然艰难，但不管是踢球、画画还是唱歌，每个快乐的瞬间，无论大小，都弥足珍贵，都需要保护。

躺在床上，我发现贝佩也睡不着。

倦意袭来之前，我忍住了失望的泪水。世界上的任何事情都不会让我哭泣，在我看来表露情感是软弱的表现。我不想做个软弱的孩子。

帕萨迪纳，1994年7月17日

当事情变得艰难，一切都发生了变化。11 米变得无限长，守门员好似庞然大物，球门则变得极小。

罚丢点球只是一瞬间的事情。

因为在那一刻，你的对手并非守门员，而是你的恐惧，你的雄心，你的回忆。

因为点球只是基本技术动作这种说法仅仅存在于理论层面。

我这辈子主罚过很多次点球，但大多数是孩提时代在乡下玩耍时罚的。当时，因为空间有限，我们比赛时设定了不罚角球的规则，每累计 3 次角球，就可以改罚 1 次点球。

然而，成为职业球员以后，我点球却罚得并不多。有的球员可以盯着对方门将，直到最后一刻再将他击败，我从来做不到那样。

气温越来越高，我的肌肉仍然紧张、僵硬。但此时此刻，双腿已经不再重要，头脑才是关键。

我准备好了。

有些了不起的人能够改变所遇之人的命运。他们扮演着梦想缔造者的角色，在似乎没有想象空间的地方创造机会。皮耶罗·加贝拉牧师就是这样的人，1966 年，他来到了特拉瓦利亚托，看顾我们这个还不足 30 年历史的小小农业社区。

他的双眼闪烁着睿智的光芒，从来不畏惧变化，以他从不墨守成规的洞察力来衡量僵化的现实，他采取的所有行动都是为了改变那样的现实。教区居民历来能够在传统的稳定中收获慰藉。所以起初，这样的方式引起了居民的抵触，但随着时间的推移，即使是最保守的人，也懂得欣赏他的热情。

皮耶罗牧师想必心知肚明，使新教众展现出最佳一面的关键，不是让他们搞明白自己是何许人也，而是让他们弄清楚自己能够成为怎样的人。正是以这样的方式，在特拉瓦利亚托停留的几年时间，他创造出一个小小的体育奇迹，值得在足球历史上占据几页的篇幅。

他来到我们教区不久，便开始大刀阔斧地对教区娱乐中心进行改革。皮耶罗牧师的愿景很简单，那就是让每个人都能在最好的条件下将才能发挥出来。不管我们这些孩子有哪方面的天赋，无论是足球还是排球，绘画还是古典音乐，目标都是不加限制地释放我们的激情。于是，教区娱乐中心变成了人才工厂。但仅靠皮耶罗牧师一个人的力量还不够。为了在体育领域实现他的想法，即创建一支真正的青少年足球队，他需要其他人的帮助。他运气极佳，很快得到了当地企业家马里奥·韦尔泽莱蒂的资助，韦尔泽莱蒂为奥拉托里奥·特拉瓦利亚托体育联盟（简称为USO）的诞生提供了资金，后来还担任了该俱乐部的主席；同样伸出援手的还有当地教练圭多·塞滕布里诺，他与另一位传奇教练巴蒂斯塔·帕西内利代表着俱乐部的技术灵魂，同样不可或缺的还有欧金尼奥·法尔西纳、塞尔吉奥·罗马尼尼以及朱塞佩·贝托尼和乔瓦尼·贝托尼兄弟，这些热爱足球的教区居民，以管理者的身份全心全意地为俱乐部的成功贡献了自己的力量。

皮耶罗牧师来到我们教区两年后，奥拉托里奥·特拉瓦利亚托体育联盟成立了，起初只有一支由不同年龄的男孩组成的青年队，所有孩子都在一起训练，多年后才成功组建了各个年龄组的球队。当时，像特拉瓦利亚托所有的孩子一样，我已经开始参加教区活动，但与体育无关，主要是领会教义问答以及在商店挣糖果。

家里第一个加入奥拉托里奥·特拉瓦利亚托体育联盟的是大哥安杰洛,他比我大 4 岁。看到他从训练归来时开心的样子,我很想知道在真正的球队踢球的感觉如何,但我还太小,而且父母甚至从未考虑过我和贝佩去踢竞技性足球的可能。

时间又过了两年,我仍然只能在农舍里踢球。眼看小学就快毕业,塞滕布里诺教练来拜访我的父母,劝说他们让我和贝佩加入球队,一方面是因为他们想招募尽可能多的男孩,另一方面是因为我们的哥哥安杰洛跟他提过几次,说我俩踢得很好。

我的父母对足球不感兴趣,他们当然也不愿意让我们花太多时间在教区娱乐中心踢球。学业才是第一位的。之后,皮耶罗牧师出面并向他们解释,成为团队的一员至关重要,能够灌输诸如纪律和团结等价值观,最终说服他们答应我俩去踢球。

就这样,在快满 10 岁的时候,我的足球冒险正式开启:加入一支真正的球队,在真正的球场上踢球,球门由立柱和横梁构成,而不是我想象出来的。

刚开始，与二哥贝佩相比，加入一个有组织的团队对我来说更具挑战性。也许是因为他比我大两岁，或者只是因为他更加外向，而我与陌生人互动起来有些困难，而且最令我无法适应的是，在球场上要担当明确的角色。无论如何，作为球队的一员踢球，与在草地上或农舍的院子里随意踢球截然不同。

我没有被安排在贝佩的球队，而是和年龄更小的球员同队，但教练会让我们和年长的球员比赛，以此帮助我们进步，并让我们通过比赛来磨炼技术。

虽然我和两个哥哥不在同一支球队，但我们常常结伴去教区娱乐中心训练。回忆起我们当年一起骑自行车往返的旅程，我就会感动不已。我的年龄最小，他俩的陪伴让我感觉自己受到了保护。有时候，我们会聊到即将面对的训练项目，或者刚刚结束的训练项目；其他时候，我们则会静静地骑着自行车，欣赏沿途的乡村美景。

训练已足够辛苦，但教练仍坚定地相信纪律的重要性。除了日常管理，他还制定了一些规则，为的是将我们培养成有担当的年轻人，这些规则可能是奥拉托里奥·特拉瓦利亚托体育联盟取得巨大成功的基础。

最重要的规则是，团队内所有规则必须适用于所有人，没有任何例外，更不存在什么主角。事实上，一个男孩表现得越好，就越被鼓励要为其他孩子树立良好的榜样。

家长们不被允许进入训练场，只能待在家里等着孩子回家。观看比赛时，他们必须保持得体的行为，只能鼓励球队，而且不能对裁判和教练的决定提出质疑。这样做是为了给球员们创造最安静的氛围。

男孩们也同样被加以严苛的要求，无论在场上还是场下，他们都必须保持严肃认真、谦恭有礼的行为。只有这样，竞争精神和求胜欲望才不会影响正确性。

每名球员都得确保参加训练和比赛。如果无故缺席，就会被罚款50～100里拉，这在当时对许多家庭来说都不是笔小数目。

每个男孩都会得到一个用来装运动装备的行李袋，里面需要装木屐、浴袍、洗发水、擦得锃亮的足球鞋、洗过并熨过的运动服和球衣。不论是谁，只要忘记带装备或者球鞋和球衣不够干净，就会遭到罚款。所有的男孩，不论是否出过场，赛后都必须冲个澡，以达到放松的效果，这样还能保持干净和整洁。

每个人还会得到一个球，可以随身带着去训练，为的是提高个人技术。晚上 10 点前，我们必须到家，最好已经上床睡觉。俱乐部管理人员会不定期地检查我们的执行情况。（最后这条规则经常让我面露微笑，因为我已将其铭记于心，尽管 20 多年前我已经结束了球员生涯，时至今日我仍然本能地遵循着它。）

对于新加入的球员，教练会给他们上真正的实践课，教他们怎么系好足球鞋，怎么把木质鞋钉钉进鞋底，还得钉得恰到好处——不能太深，因为会伤到脚掌；也不能太浅，以免比赛时脱落。我们每天练习几个小时，每个微小的细节都必须做到完美，不然就会被罚款。

我还记得，因为穿着沾满泥巴的鞋子去训练，我被罚款 50 里拉。那次我没能参加训练，就被送回了家。下次来训练的时候，我就得带着钱交罚款。但回到家，我什么也没说。我羞愧不已，不想给家人增添负担，让他们为我的愚蠢行为买单。因此，我选择了最简单的方法：半字不提这件事，不再出现在教区，其实就是离开了球队。

无故缺席一周后，一天下午，我看见皮耶罗牧师骑着自行车来到农舍，他瞧都没瞧我一眼，直接去找我母亲谈。

想必他已了解我缺席训练的原因，没再让我感到尴尬，不但搞定了一切，还微笑着与我握手。从那时起，我再也没有被罚过款。

除了在球场上表现出色，我们还必须是最守纪律、最受尊重的球员，因为人们不但会关注常胜之师的成绩，而且会关注他们的行为举止。因此，我们特别注意球衣的质量以及相关物品的色彩搭配。合影是极其重要的仪式：教练严禁球员之外的任何人参与其中，我们必须成为主角。

这些规则均会严格执行，让我们始终对球队怀有极强的归属感。更重要的是，我们从中学会了尊重教练，尊重队友，尊重交托给我们的任务。当然，也必须尊重我们自己。

对于球队繁多的纪律，不少家庭颇有微词，更不用说他们承担不起那过于高昂的罚款。这时，好心的老法尔西纳经常介入，他自掏腰包，为交不起罚款的男孩支付 50 里拉，当然，做这些都得瞒着教练。

每当回忆起这些人，我都怀着由衷的赞赏 —— 韦尔泽莱蒂主席和宽宏大量的贝托尼兄弟，他们都是真正的男子汉，总是尽其所能，不求回报。我真的很感激他们，不仅因为他们谦恭的行为，更重要的是，他们给我指明了前进的方向。

他们对我们的帮助不仅仅体现在足球场上。夏天，我们这些男孩总是去危险的水域游泳，比如当地带有强烈漩涡的河流。后来，他们在教区中心建了一个不足1米深的小游泳池，我们可以在那里玩耍和消暑，男孩和女孩都不限（这在当时并非理所当然的事情，因为体面的家庭不会让孩子一起露天游泳）。

当他们知道我们没钱去度假时，每年他们都会组织一次至少10天的山区旅行，有时在科利奥市的圣科隆巴诺，有时在卡莫尼卡山谷，来自教区中心的所有男孩都会参加，一些男孩的母亲陪我们同行，帮着做饭。清晨刚起床，我们就会根据教练的指令开始做操，然后在树林里散步、玩耍……我们学会了如何团结一心，互相帮助，就像真正的球队一样。

在球场上，我被安排在防线，担任边卫或者中卫。出任中卫时，我踢得特别自如，这个位置使我能够全面地审视比赛。我喜欢阻断对方的进攻，然后组织我方的反击。

我们参加了一项省级锦标赛，通过那次比赛我们开始赢得声誉，成为布雷西亚及周边地区的无敌之师。赛季结束后，我们会参加当地的联赛，通常既有技术比赛，又有完整的 11 人制比赛。踢技术赛时，每队会派出 4～5 名队员，进行技术比拼，比如尽可能长时间地颠球而不让它落地，或者完成一个项目，比如运球绕过圆锥体障碍，或者将球射进球门的特定区域。每项比拼都设有积分，比赛结束后，得分最高的两支球队将进行正面对决，踢一场真刀真枪的比赛。

11 岁时，我终于加入贝佩所在的球队，这带给我极大的满足感。我总算可以和哥哥一起踢球了！他司职中场，技术极为出色。我们的球队实力强大，而且紧密团结，以至门将经常整场比赛都无所事事。在短时间内，我们几乎战无不胜。

多亏了皮耶罗牧师和塞滕布里诺教练多方联络，一些来自国际米兰、AC 米兰和尤文图斯等球队的球探开始来观看我们的比赛。在 1971 年，我们俱乐部的两名球员得到正式的邀请，前往 AC 米兰的青年培训基地试训，他们分别是我的大哥安杰洛（出生于 1956 年），以及乔瓦尼·洛里尼（出生于 1957 年）。两人原本都有望入选，但 AC 米兰选择了实力出众的洛里尼，放弃了我的大哥，理由是他年龄偏大。后来，洛里尼代表 AC 米兰首次亮相意甲联赛，职业生涯较为出色，甚至赢得过意大利杯冠军。

我的哥哥安杰洛也颇具天赋，而且身强体壮，但多出来的 1 岁彻底改变了他的人生。我不禁想，如果皮耶罗牧师早 1 年来到特拉瓦利亚托，或许安杰洛也能得到在 AC 米兰或者国际米兰青训营成长的机会，那样的话，如今我们讲述的将是一个完全不同的故事。但命运显然对他另有安排。中学毕业后，安杰洛立即开始工作，并且学了一门手艺。他依旧没有放弃在足球竞技中寻找满足感，他先是在当地的小联盟踢球，后来又在球场上帮助接触这项运动的年轻人。对我来说，他是完美的兄长。我印象中都不曾见过他生气，尽管不苟言笑，但他知道如何用善良和慷慨赢得别人的欣赏。他虽然没有我和贝佩出名，却因其高尚的人生观以及面对困难的勇气，在镇上始终受到人们的爱戴和尊敬。

当年，是安杰洛把我介绍给了奥拉托里奥·特拉瓦利亚托体育联盟，而我写这本自传的时候，又是他安排了一次与皮耶罗牧师以及欧金尼奥·法尔西纳的会面。再次见到他们，除了开心之外，我还对他俩如何看待我在奥拉托里奥·特拉瓦利亚托体育联盟的成长很感兴趣。就这样，在过了这么多年之后，我们在皮耶罗牧师安享退休生活的村子见了面，聚会的地点是那里的一家小酒馆。回忆一起度过的那些不平凡的岁月，我异常激动，尤其是因为他们给我讲了一些我不记得或者根本不知道的事情。然后，伴随着欢笑和泪水，我们聊起了彼此的生活。我才了解到，皮耶罗牧师于1972年离开特拉瓦利亚托后，在辛提人和罗姆人（吉卜赛人的自称）的社区生活了40年，把他的开明精神也带给了他们。虽然因年迈而不时露出倦意，但他的双眸至今仍然能给有幸与他对视的人带来希望。他一生都致力于为最弱势的群体服务，为重新分配机会而不是物质财富而英勇奋斗，堪称品德高尚的楷模。

我们聚会时，深情地缅怀了早已去世的韦尔泽莱蒂主席以及塞滕布里诺教练。主席先生是个非常善良的人，更是优雅的典范，他总能给他身边的人带来平静。教练先生则有着坚定的价值观和原则，但他那浓密的胡须有时也会软化成微笑。他耐心等待我们成长，让我们学到了比想象中还要多得多的东西。他或许看上去不爱交际，骨子里却是个脾气极好的人。他全心全意地培养自己的球员，愿意为我们赴汤蹈火，而这些正是我们需要的。

1972年，乔瓦尼·洛里尼离开我们的训练基地并加盟AC米兰后，米兰双雄以及尤文图斯均加强了与奥拉托里奥·特拉瓦利亚托体育联盟的联系，开始将他们的青年队带到特拉瓦利亚托，在球场上与我们正面对抗，直接拿我们与他们的球员进行比较。最后，国际米兰带走了5名我们的球员：阿梅里奥·托尼内利、埃默尔·罗马尼尼、里卡尔多·齐尼、我的哥哥贝佩以及弗朗哥·潘凯里，潘凯里在国际米兰完成了他的意甲处子秀，并为蓝黑军团夺得联赛冠军贡献了力量。

我的父母自然不愿意让哥哥这么小就离开家，又是皮耶罗牧师的劝告改变了一切。他认识将会直接负责贝佩发展的相关人员。

像洛里尼一样，我的二哥成为激励我们男孩的另一个榜样。他证明了我们跻身顶级强队完全是可能的。于是，奥拉托里奥·特拉瓦利亚托体育联盟的黄金时代就此开启：虽然不过是布雷西亚地区一个村落的小教区，但在20世纪70年代，这里不断涌现出才华横溢的球员，其中许多人后来加入职业球队，有些人在意甲踢球，有些人赢得了意大利联赛冠军、欧洲赛事冠军乃至世界杯冠军。

1972 年，我仍被认为年纪太小，未到加入俱乐部的时机，但一位国际米兰球探——可敬的加罗亚先生，每周六都会从米兰过来看我踢球，比赛结束后，他会说："小弗朗哥，你会跟我一起去国际米兰的。"当然，我也梦想过和贝佩一起穿上蓝黑间条衫，但没过多久，加罗亚先生就去世了，我的命运也彻底发生了改变。

在这里，我想澄清的是，与很多人认为的相反，我从来没去国际米兰试训过。其实真相要简单得多。随着加罗亚先生撒手人寰，皮耶罗牧师为了让我和贝佩重聚，曾经向蓝黑军团力荐我，甚至成功地说服韦尔泽莱蒂主席免费将我送到国际米兰。然而，国际米兰却拒绝在那一年接纳我，因为他们认为我的身体太弱，无法顺利在他们的青年队立足，并将做决定的时间推迟到下一个赛季。于是，牧师便开始转向他们的竞争对手。

那一时期发生了不少重大的变化，我的家庭内部也是如此。经过多年的辛苦奋斗，我的父母终于在镇上建了一座小别墅，就在贝佩离家前往国际米兰训练基地之前，我们全家搬进了那座别墅。对他们来说，总算能够为家人提供室内浴室和热水等便利条件，无异于梦想成真。

在我生命中那个遥远的时期，每个人——无论来自我的家庭、学校，还是教区——都努力为我提供尽可能多的机会。我回想起来，尤其是回想起奥拉托里奥·特拉瓦利亚托体育联盟时，不禁感到震撼，因为世界上很多人的天赋都在遭到浪费，仅仅是由于他们从来没有交到好运，错过了应有的机会。因为在特拉瓦利亚托，我们并非天生就出类拔萃，也并非总能涌现出大批人才。这只是体系的问题，我们很幸运，因为周遭的人都特别精明强干。这也是机遇的问题，正是这些人给予了我们莫大的信任，为确保我们得到以前无法想象的机会而竭尽所能。

帕萨迪纳，1994年7月17日

我知道，这是我代表国家队再次夺冠的最后机会。12 年前，我随队参加了 1982 年的西班牙世界杯。我见证了世界杯的征程，意大利最终捧起了冠军奖杯。但当年在西班牙，我还太年轻，从未得到过出场机会。我在场边目睹保罗·罗西破门得分，恩佐·贝阿尔佐特指挥作战。

现在是我的时刻。我曾经以为一切都已经离我远去了：那次滑铲，拉伤的半月板，伤痛，以及报纸上的标题"巴雷西提前告别美国世界杯"。

然而，我现在站在这里。我看向球门：塔法雷尔，巴西队门将，是个聪明的家伙，也是一名出色的球员。最让我担心的是他的智慧。

我知道我可能会犯错，但我愿意接受这样的痛苦。

这是我的时刻，脚下的足球就是我的责任。

我很勇敢。或许吧。

许多人相信时间能够治愈灵魂的创伤。这种观点并不总是正确的。有些痛苦如此深切，甚至会随着年龄的增长愈演愈烈。我 13 岁时母亲去世，17 岁时父亲去世。我一直试着不去想这些，因为只要一想，就会被情感的地震吞没，至今我仍无法掌控这种震动。对我来说，写下这几段文字极为艰难，但我不能再躲藏。当我回首往事，甚至感觉我的事业也是建立在痛苦和愤怒之上的。

我知道我母亲是因病去世的，但我已经不记得具体的细节了。那段回忆对我而言是完全黑暗的。我告诉自己，我们没有意识到她病得有多严重，这么说几乎是在为自己辩护。我知道这并非实情，因为就连当时 4 岁的妹妹埃马努埃拉都记得母亲卧病在床时握着她的手，而我却什么也不记得。可能因为我母亲是个坚强的女人，我想是这样。我从没见过她哭泣，想必她应该是在偷偷掉泪。在我看来，她总是在照顾别人，而不是被别人照顾。她为人温柔体贴，对所有人都赞赏有加，无论是对自家孩子，还是对萍水相逢的人。她聪明过人，总是领先一步 —— 20 世纪 60 年代还住在乡下的女子，却成为村里第一个拿到驾照的人。我记得，每逢星期天，她都会载着我们全家往返于镇上好几次。她的才能总是服务于他人。

她去世后，从我父亲到小埃马努埃拉，都是我姐姐露西娅在照料，她担负起了照顾这个家的重任。她勇敢地接受了生活的逆境，坚忍地挺起胸膛，不卑不亢，尽管这个重担本不应该压在她的肩上。她成为我们兄弟姐妹为人处世的基本参照点。幸运的是，她遇到了布鲁诺——她一生的挚爱，他俩的相处始终伴随着爱意、理解以及建议。彼时，贝佩和我正在米兰追逐自己的梦想。

我父亲生得高大而强壮，肩膀宽厚，手臂结实，习惯于在地里劳作。像每个父亲一样，他非常严厉，因为生活很艰难，他每天都得竭尽全力，以免他的担忧变成我们的担忧，尽可能让我们享受更为悠长、幸福的童年。当他因为出了什么差错而气恼，我就暂时不回家，最好的办法就是离他远点。只有我母亲能让他平静下来。但其实他根本就不是个可怕的人，我还记得那些久远的快乐时光，比如他开拖拉机载着我，把我抱在腿上，或者听我母亲讲笑话时他放声大笑。他俩相辅相成，极有默契，唯一的目标就是将这个家团结在一起，甚至不惜牺牲些什么。

他去世的时候，我已经在 AC 米兰青年队踢了几个赛季。一天，我正随队参加一项比赛，得知他出了意外，被一辆车撞倒后被送进了医院。我匆匆赶回特拉瓦利亚托，想尽快回到他身边，但当我见到两个哥哥也在，立即就知道他没能挺过来。我现在已经是绝对意义上的孤儿了。我感到一种无法形容的痛苦和愤懑。突然间，我发现自己又堕入黑暗之中，就像母亲去世后一样。

葬礼那天，我失魂落魄，只记得自己被极端痛苦的空虚感折磨着。我带着一颗破碎的心回到米兰内洛，多亏了队友和亲朋好友们，我才没有陷入抑郁。

为了分散我的注意力，避免我在夏季休赛期返回特拉瓦利亚托这个伤心地，洛里尼一家征得了我家人的同意，邀请我前往他们位于利古里亚的家暂住，他们的儿子科拉多和我一起在 AC 米兰踢球，他们很愿意接纳我。

在我生命中最困难的时刻，洛里尼一家照料着我，努力支持着我。他们让我平静地度过那段时光，避免我整天思念辞世的双亲。有关那时的许多事情我已经忘却，但我永远不会忘却他们的慷慨相助。

就在那次的利古里亚之旅，17 岁的我第一次看到大海。它看起来那样壮丽，那样浩瀚！绵延无际的海水，是自由的象征。面对此起彼伏、汹涌澎湃的海浪，我找到了继续追寻梦想的力量。

如果在母亲去世后，我踏上赛场时已经怀着向她致敬的想法，那么失去父亲后，取得成功就成为我必须实现的目标：我想让他们为我感到骄傲，这使我将痛苦和愤懑转化为几乎发自肺腑的深切渴望，渴望铭记他们为我做出的所有牺牲。我开始以从未想过能够拥有的决心踢球。

我总是努力表现，好像他们一直注视着我，一直陪伴在我身旁。我看不到他们，但他们始终深藏在我心里，我知道，无论我何时需要他们，他们都会倾听我的心声。我多么希望我能够见到他们啊！我还有太多话没对他们倾诉！遗憾的是，我没能向他们展示我的成就，没能把他们介绍给我的妻儿，没能和他们分享我已经成长为怎样的人：这样的伤痛将永远留在我的心底。与一般人不一样，时间过得越久，我反而越强烈地感受到他们离世带来的缺憾。也许是因为随着年龄的增长，我学会了更加重视那些较为琐碎的事情，也许是因为我年轻的时候，生活就是接连不断的承诺和情感，每件事似乎都无比紧迫而又疯狂，所以我没有 —— 或者更确切地说，我不想花时间去考虑自己有多么想念他们。如今，生活的节奏缓慢下来，时间似乎变长了，给那种莫可名状的忧郁状态留出了空间，这种状态往往会将真实的过往和本来可能发生的事情区别开来——将我过早痛失的双亲和现在本来可能陪在我身边，跟我一起微笑着翻看旧照片的双亲区别开来。

1974年5月，我母亲去世已经4个月，我自然没有机会与她分享我第一次参加选拔的焦虑和期望。我已经记不太清那个时期发生的事了。我不记得在学校和教区球队都发生了些什么，我只记得自己和法尔西纳以及塞滕布里诺教练一起在车上。他俩要带我去参加AC米兰的选拔赛，地点是利纳特的航空体育中心。贝佩加盟国际米兰已经快两年了，我真心希望能追随他的脚步。

选拔非常残酷。很多事情都必须按照计划进行：必须寻获能够得到支持的环境，拥有能够帮你展现最佳一面的队友；必须控制住表现焦虑以及担心犯错的想法；必须期待比赛环境能够让你充分表现出自己的能力，让在现场观看的教练和球探们瞥见他们寻觅已久的特点。在那样的时刻，候选者也可能由于展现自我的私心而导致表现得过于夸张，只想着炫技。当然，运气也会起到一定作用。

那天下午，我感觉被期望压得喘不过气，期望来自我自己以及那些相信我的人，结果我却是表现平庸。驱车回家的路上，我们都郁闷不已。我能从教练和法尔西纳的眼神里看出失望。我们一句话也没说就回到了镇上。

但是，塞滕布里诺教练答应过我妈妈他会照顾我，所以他没有放弃。接下来的几天，他又跟 AC 米兰的人员进行了联络，坚持要他们再给我一次机会，部分原因是 AC 米兰青训总监扎加蒂缺席了在利纳特的试训，部分原因则是我的个人境况颇为艰难。AC 米兰同意了，为了重新评估我的能力，他们甚至邀请整支奥拉托里奥·特拉瓦利亚托体育联盟队前往米兰内洛，与红黑军团的同年龄球队进行一场友谊赛。

我们全体从特拉瓦利亚托启程前往米兰，由韦尔泽莱蒂主席、法尔西纳和塞滕布里诺教练带队。大家都到场来支持我。回想起来，我仍觉得感动不已。当然，这也可能成为所有队友展现自我的机会，但他们前往米兰内洛主要是为了我，他们在球场上证明了这一点：他们一有机会就会传球给我，给了我尽可能多的机会来表现自己的能力。

我们到达米兰内洛的时候，我紧张不已：那是一座气势雄伟的体育中心，远离喧闹的都市，沉浸在自然之中，场地拥有几块足球场，上面都铺着完美的草坪。这些都是我前所未见的。

我非常紧张，但是与队友并肩作战给了我信心，不再像在利纳特试训时那样承受压力。此外，我觉得这是自己最后的机会了，不能再失败，因此我专注于比赛本身，专注于它给我带来的快乐，专注于处理球时的自信，就像在乡下和朋友们一起踢比赛一样。如此，我享受着脚下美妙的球场，随心所欲地展现着自己的能力，享受着自己钟爱的这项运动。

我记得，那场精彩的比赛即将结束时，我在防线获得球权，以一连串精彩的带球杀进对方禁区，与一名队友完成配合后，我与守门员一对一对抗，接下来，我破门得分。那次精彩的表演让扎加蒂及其同事们充分认识到我的潜力。

我开心地走进更衣室，享受着几个月来从未体验过的快乐。我很快换好衣服，对选拔的结果充满好奇。我瞥了一眼教练们（特雷齐、安诺瓦齐、加尔比亚蒂和扎加蒂），他们正在交换各自对我的印象。很快，我发现他们并不怀疑我的技术能力，而是担心我的身体素质。我到底能长多高？我会变得更加强壮吗？他们甚至询问了我父母的身高。然后，法尔西纳和塞滕布里诺出面，坚定地向他们保证，我的能力和我的态度毋庸置疑，无论是作为一名球员，还是简单地说，作为一个孩子。我清楚地记得他们是怎样信心满满地告诉扎加蒂，他不会后悔这个选择的。最终，AC米兰接纳了我！我既感到难以置信，又觉得激动不已。同时，我也感到非常满足，因为我回报了所有信任我的人。

我回到家，接下来的几天始终在等待AC米兰的官方征召，心情起伏不定。一方面，我对新的冒险充满期待和渴望；另一方面，对即将到来的快速变化，我又不免感到担忧。我即将离开我的小世界，离开农舍，离开教区，离开我的朋友，去米兰这样一个对我而言几乎完全陌生、简直无法想象的城市。

如今，我想起那些每天离家去追逐梦想的男孩们总不禁感慨万分。我想到他们的牺牲，他们撇下的亲人和爱人。我觉得，我可以告诉他们，道路注定漫长而又艰辛，他们无论做什么，都要面对许多困难，甚至是屈辱的时刻。我母亲说过，信任和谅解他人，是生活中最为艰难的事情，这话是多么正确啊！但如果你学会了这样做，如果你忠于自己以及自己的梦想，即使会有些遗憾，你开启的旅程也将带你走得比原本想象的更远。

5 月的一个下午，我的旅程正式开启，我家的门铃响了：是一封寄给我的挂号信。那是我人生中收到的第一封挂号信。因为双手都在颤抖，我好不容易才把它打开。信封里是一封印有 AC 米兰队徽的信。我读了一遍又一遍，简直停不下来。上面写着："弗朗哥·巴雷西于 × 年、× 月、× 日、× 时得到正式征召，成为 AC 米兰青年队的一员。"读完信的那一刻，我感到无比喜悦。从狂喜回归平静后，由于那陌生的事态进展，你无法想象自己该如何应对变化，直到它最终成为现实，接下来，等待我的是不确定性带来的担忧。特拉瓦利亚托距离米兰内洛只有 100 千米，二者却是截然不同的两个世界。如果我不喜欢米兰内洛怎么办？如果我不喜欢我的新队友怎么办？如果没有亲朋好友的陪伴，我感到孤独怎么办？父亲、安杰洛和露西娅让我放心，贝佩就在米兰，而且如果我需要他们，他们随时会来陪我。

在我动身前的几天里，家里讨论了由谁陪我前往 AC 米兰的训练基地，最重要的是，怎么去。最后决定，除了我父亲，我舅舅弗朗西斯科也陪我一起去，因为他是个商人，习惯了驾车旅行，对米兰有一定的了解。

然后，大日子终于到了，全家人都激动不已。每个人轮流问我是否能够保持冷静，是否记得打包所有的东西，是否忘记了这样或那样东西。经历了最后的建议、拥抱以及泪水之后，爸爸、舅舅和我动身前往集训地航空体育中心，那也是我第一次参加选拔的地方，就在机场附近。我们到达利纳特时，我紧紧地拥抱了他俩，几乎不愿松开手。

我和其他男孩一起上了大巴，向米兰内洛进发。那是一辆满载来自各地的少年的大巴，但周围弥漫着的寂静让人感觉不太真实，似乎我们都在全神贯注地思索那段旅程对于自己的意义。

我望着窗外，对所告别的一切产生了一丝留恋。与此同时，尽管这并不能弥补失去母亲的伤痛，但我知道自己很幸运，很多人都希望得到这样的机会。

窗外的景色似乎没有尽头。然后，在某个时间点，大巴车停在了米兰内洛基地门口。门卫为我们打开门，大巴驶进基地。我感觉自己辨不清方向，甚至有点害怕。我跟着其他人下了车，大家各自拿了行李，在入口处做了自我介绍。工作人员指给我们看，和我差不多大的男孩会住在体育中心的哪栋楼。我们总共差不多有 20 人，我和其他 3 个同龄男孩被安排在一个房间。房间不大，但很干净，两张双层床彼此相对。我不记得我们是如何决定谁睡上铺、谁睡下铺的。现在，从中国到阿根廷，从加拿大到澳大利亚，见证了这个世界的辽阔后，我可以毫不犹豫地说，从利纳特到米兰内洛的 60 千米是我一生中最漫长的旅程。

牺牲

帕萨迪纳，1994年7月17日

　　我从不认为自己是独立于团体的个体，也从不认为服务于团队是种牺牲。因为足球本身就是团队运动，因此，一名球员绝不应该认为自己处于单枪匹马的状态。我第一次将足球控制在自己脚下时，就立即明白了这一点，并且从未忘记。我一直努力像一台完美机器中的齿轮那样运转。

　　当队友们注视着我，当我们热情拥抱彼此，我感觉他们始终与我站在同一战线。

　　如果不是这样，我就无法赢得我所赢得的一切。

　　如果不是这样，我也不会在此刻站在罚球点前。

58

一个球员如果年轻而强壮，就会拥有机会。但这还不够。你必须问自己的问题是：为了渴望实现的目标，你愿意失去多少，放弃多少，牺牲多少？每个选择，即使是最微不足道的选择，都是对这个简单问题的回答。当你发现14岁的自己，在雾蒙蒙的寒冷冬夜，远离所爱的人，和几名刚刚开始熟悉的男孩共处一室，在那一刻，这个简单的问题就像一把老虎钳牢牢地钳住了你的心。因为你还太年轻，无法理解这个问题。意识的欠缺会让你迷失方向，所以你强烈地想要离开房间，跑向走廊的公用电话，抓起听筒，给家里或者贝佩打电话。但你不想让家人担心，得让他们相信你过得很愉快。于是，你留在了床上，闭上双眼，在心底尝试相信，那似乎将要把你吞噬的忧郁会随着清晨的第一缕阳光消失。你不愿去想，你必须在6点半起床，冒着严寒走出基地，乘坐小巴前往车站，然后搭乘火车抵达另一个车站——米兰的加里波第门，然后再步行前往学校，进入一个并不属于你的班级，因为你和其他学生不一样。他们的少年时代过得更加简单，无忧无虑。此外，你虽然只有14岁，行为举止却不能像同龄的男孩那样幼稚，因为你为AC米兰效力，每周你都必须向其他人证明你配得上这样的身份。不，你不应该想到这些。别去想那所你不感兴趣的学校，上学只不过是把你和你真正热爱的东西分开的一件烦心事。于是，你的思绪直接跳跃到期待已久的训练，跳跃到队友们讲的笑话所引发的开怀一笑，他们每天都从米兰赶往训练基地；跳跃到你踏进球场的那一刻，那时的你沉浸在刚刚修过的湿润草皮的芬芳之中。你始终关注着那身红黑相间的球衣，因为你热爱那代表足球历史的红黑搭配，你会想起下午比赛时的一次精彩发挥。然后，你便开始梦想在圣西罗球场，在成千上万的球迷面前重复同样的表演，你试着想象那会是怎样的感觉，但这样的想象只持续一会儿，你就会回到现实。因为你知道成功需要耐心，那样的白日梦可能是危险的，因为它或许会让你相信你已经达到自己尚未企及或者永远无法企及的高度。但这不是什么大问题：你知道第二天仍然能够得到机会再次踏上训练场，奔跑、踢球、流汗、精进。这个想法足以让你不向绝望低头。于是，你深吸一口气，嘴角露出一丝羞涩的微笑，带着较为轻松的心情进入梦乡。今天，你也做出了选择，虽然没有意识到你已经在回答这个问题，而且你的答案是唯一的：为了再次体验在球场上感受到的那种绝对的快乐，你愿意牺牲一切。不然，你在精神、身体或者情感层面上的放弃只是时间问题。

我真正明白这一切，是来到米兰内洛很多年之后。那时我的球员生涯已经结束，我也终于有时间让自己回顾过去，搞清楚自己是如何走到今天这一步的。在我看来，仅靠激情和动力远远不够，还需要决心、天赋以及能够提供支持的环境，至于最后一个条件，我必须承认自己也很幸运，首先要提到的就是和我同屋的伙伴们。

我们的房间总共有 4 个人：我、卡洛·卡科帕尔多、弗朗哥·弗拉基亚和加布里埃洛·卡罗蒂。卡洛来自马尔凯大区，性格安静，但别人需要帮助时他总愿意伸出援助之手。他是那种典型的好人，踢的位置是中场。弗朗哥一头金发，个子不高，踢的位置是边锋。他来自瓦伦扎，是我们当时的队长。

加布里埃洛和我是形影不离的好朋友。他踢的位置是攻击型中场，技术非常出色。他可能是我们当中最出类拔萃的，能够用一个精彩的动作扭转比赛局面。他在我之前完成了意甲首秀，在博洛尼亚对阵 AC 米兰的比赛中披挂登场，他当时甚至还未满 18 岁。就像他的父母一样，加布里埃洛心地善良，他的父母来自托斯卡纳大区的奥尔贝泰洛，在那里的一家餐馆工作。只要有时间，他们就来看我们的比赛，见看台上没有亲友为我助威，便总会对我说些鼓励的话。在 AC 米兰成年队待了几个赛季后，他被租借给当时仍在意甲的阿斯科利积累经验，在阿斯科利效力两个赛季后，他再次回到 AC 米兰。不幸的是，他回归之后运气不佳，在比赛中遭遇重伤，甚至影响到他此后的职业生涯。由此我常常想，那些说着性格决定命运的人怕是从来没有断过跟腱。

许多个忧伤的傍晚，我们疲惫不堪，不愿学习，便会打开磁带播放器，来分散自己的注意力。磁带被我们反复听，几乎都要坏掉。那是创作型歌手卢乔·巴蒂斯蒂的歌曲专辑，里面包括多首热门歌曲，比如《太阳之歌》《十个女孩》《我的自由之歌》《我想……我不想……但如果你想》。即使是现在，一听到这些旋律，我就感觉自己仿佛回到了当年米兰内洛的房间，和加布里埃洛、弗朗哥以及卡洛在一起，躺在双层床上，做着白日梦，小桌子上堆着课本，晾衣绳上挂着我们的球衣。那时我们都只能手洗球衣，祈祷它们能在下一次训练之前及时晾干。

显然，那些年陪伴我们的不仅仅是汗水和泪水。相反，我们一同度过了愉快的时光，这要归功于被安排在一起生活而产生的深厚友谊及团结精神，还有因此被激发出的化痛苦为玩笑的乐观精神。比如我们周六会步行去卡纳戈，一个比特拉瓦利亚托还小的城镇。最精彩的部分自然是去酒吧，我们会喝上一杯热巧克力或者苏打水，用自动点唱机播放歌曲，并和当地的男孩谈天说地。

　　我们偶尔会去电影院消遣，我记得某天晚上我们看了达里奥·阿基多导演的《夜深血红》，我们起初没有意识到这是一部恐怖片。这部电影把我们吓得够呛，返回米兰内洛的路途兼具悲剧和喜剧的元素。为了顺利到达基地，我们不得不沿着一条无人小路摸黑走了几千米。我们走得很慢，忍不住侧耳倾听有没有什么怪声，但又强迫自己尽量不去在意灌木丛中发出的沙沙声，以期淡化内心的恐惧。我们一看到基地大门，就开始发疯似的向入口跑去。可以说在整个职业生涯中，我从来都没有跑过这么快。

　　镇上我们经常逗留的另一个地方是间小超市，我们把大部分津贴用来买饼干和零食，并把这些吃的都放在房间里。在米兰内洛，菜单是固定的，而不管什么时候只要上来一道带奶酪的菜，我就干脆不吃了，只能回房间动用储备粮，原因是我无法容忍奶酪这种食物。

餐厅有扇漂亮的窗户，可以俯瞰训练场。我还记得自己坐在桌旁，目睹一线队的队员列队去训练。其中有比贡、阿尔贝托西，年轻的马尔德拉以及队长里维拉，我感受到只有神话和传说才会引发的敬畏之情。尽管有时候我们会跟他们踢训练赛，但在我们眼中，他们简直就像火星人一般令人不可思议。

能够面对面看着里维拉，那位我在 1970 年墨西哥世界杯期间为之欢呼喝彩的冠军球员，对我来说无异于梦想成真。他的每一个动作都展现出令人难以置信的优雅，他的控球堪称完美。一方面因为我有些害羞，另一方面因为我对他的敬重，所以我几乎从来没有从他脚下断到球。偶尔几次能成功地预判到他的传球和巧妙的跑动，我已经感到很满足了。但并非所有年轻球员都跟我一样，一天下午，弗朗哥·弗拉基亚重重地将他撞倒在地。突然间，训练场上鸦雀无声。里维拉没有畏缩，立刻站起身来，没说半句抱怨的话。但你可以听到内雷奥·罗科的喊声从替补席传来，他是 AC 米兰的传奇教练，率队拿到过欧洲冠军杯冠军及世界冠军，他用他那典型的的里雅斯特人的说话方式对弗朗哥说："嘿，猴崽子?！竟然敢撞他?！冷静点，不然我把你踢出球场!!!"

所以，我们只能恪守本分，无论是在场内还是场外。因为米兰内洛的主管阿里斯蒂德·法基尼长得高大威猛，我们可不能找他的麻烦。有些地方，比如电视室和台球室，我们只能在特定时间使用，特别是当一线队在那里准备训练或者进行赛前休息时，我们就不能入内，否则会惹来麻烦。

法基尼主管极为严格，因为这是他的职责，但他渐渐喜欢上了我们，有时会出人意料地放下严肃的态度，表现出对我们的关照。比如，他曾给我和加布里埃洛每人一件冬天穿的大衣：给我的那件是罗登呢的，给他的那件则是蒙哥马利的。穿上绅士才能穿的外套，我们感觉自己仿佛也成了了不起的人物，只是加布里埃洛更希望得到一件罗登呢大衣。

我不知道为什么同年龄组的球员当中有些人取得了成功，而另一些人则没有。我只知道，我对足球的热情根本无法抑制。每天两个小时的训练不仅弥补了那些牺牲和艰难，更像变魔术一样让一切都变得有意义。在那一刻，我对自己的先天条件不再感到不满意，我体验到的纯粹的快乐抵消了眼前任何困难和担忧。

彼时，我没有更好的出路选择。很多次我都想放弃，返回家乡，因为我想念家人、乡村、教区中心以及不管成绩优劣都被接受的那种自在的感觉。但是，当我差不多每两个月返回一次特拉瓦利亚托，面对已经被我抛在身后的残酷现实条件时，我才意识到，那里的发展前景丝毫不能与我现在拥有的相提并论。于是，我带着新的决心回到米兰内洛，继续和队友们一同在球场上奔跑，双脚踩进柔软的场地，脸上挂着微笑，感觉自己能够踢出名堂来。

对我来说，最大的乐趣就是认真踢球，因为不管足球是不是生活的隐喻，它都是一项艰难的运动，这就是它美妙的地方。

在我的职业生涯期间乃至其结束之后，许多人都认可我预判对手的移动线路以及比别人更早读出比赛走势的能力。每当有人问我为什么能够做到这些，我总是羞怯地耸耸肩，并非因为谦逊，而是因为连我自己也不知道答案。这对我来说只是很自然的事情。直到几年前，阿尔伯特·爱因斯坦的一句话让我恍然大悟，那句话是：玩耍是研究的最高级形式。那时我才明白，首先是农舍的院子、教区活动中心，然后是米兰内洛的球场，这些都是我进行足球研究的实验室，用来探索人最秘密的部分：我的、队友的、对手的。与其他球员一样，我踢球的表现源自数千小时的训练磨炼出来的身体素质和技术能力，但属于我个人的顿悟就是，我对比赛的认识源于对我面前这个人的深刻理解，更确切地说，是对其欲望和畏惧的深刻理解。在场上我能够感受得到，内心也非常清楚，却无法用语言表达：盯着队友的眼睛，观察他的移动，判断他是否需要鞭策或者鼓励；就像判断对手是以弱充强还是以强示弱一样。

1977年2月，我第一次有机会在重要的舞台上展示自己理解比赛的能力。我被扎加蒂教练召入20岁以下青年队，参加著名的维亚雷焦杯锦标赛。意大利最棒的球队以及一些国外强队都会角逐那项赛事的冠军，那是最为重要的青年足球赛事之一。我和一些比自己年长的球员并肩作战，其中便包括我的同乡乔瓦尼·洛里尼，他已经跻身AC米兰的一线队，并且完成了意甲首秀。

比赛在狂欢节期间举行，整个维亚雷焦都在庆祝，花车在城市街道上游行，载着头戴面具的人们。AC米兰的阵容非常强大，其中既有青年才俊，也有经验较为丰富的球员。我成功脱颖而出，在自由中卫位置展现出掌控比赛的能力以及无所畏惧的勇气，我既是防线的最后一道大闸，也是本队进攻的第一发起点。谈论有关我的潜力的第一批文章很快见诸报端。

那次比赛我们踢得非常出色，杀进最终的决赛，对手是桑普多利亚。比赛踢了两场，第一场以1比1的比分结束，按照比赛的规定，双方一旦踢平，不会进行加时赛或者点球，而将进行重赛。第二场我们败下阵来。我很失望，但同时又对这次旅程感到满意。扎加蒂教练和俱乐部都对我赞誉有加，我还获得了"赛事最佳青年球员"奖项，该奖项久负盛誉，至今回忆起来，我仍然感到非常自豪，因为这也是我身披红黑战袍的成长过程中第一个奖项。

赛季结束时，要应付的还有学业测验。米兰内洛最优秀的学生每天都完成作业，但我做不到。尽管如此，我还是时不时地努力一下，也尝试向他人求助。不管怎样，我总能顺利度过学年，这也要感谢老师们对我们这些AC米兰球员的宽容。

我知道，教育至关重要，这也是我一直试图灌输给孩子们的原则。但我也清楚，我通过踢球学到的东西，是从书本上学不到的。因为我就是我，有着与众不同的激情和能力。我的学习研究场所是一块长方形草坪，上面有个足球在滚动，而其他人的可能是一间化学实验室、一次医疗实践——能够借此减轻别人的痛苦，或者是一块空白的画布——能够在上面挥洒自己的想象力。

我对学习全无热情，一有机会就逃学。不是去城里散步，就是和朋友们在酒吧里玩弹球，或者去欣赏米兰大教堂的雄伟壮丽。然后，我便返回米兰内洛，乘坐火车或者穿梭巴士回到体育中心。我不吃午饭，因为担心被主管碰到，他可能会问到我学业的事，我不愿意撒谎，所以都是直接回房间，只能在训练之前冒险去厨房吃点剩饭。

在米兰内洛度过的时光里，贝佩的支持对我来说无比重要。只要想到他在米兰，我就感到安慰。在我们家，他最善于交际，意志最坚强。他此前也有过与我类似的经历，因此他能够建议我什么时候要保持耐心，什么时候要做出让步，什么时候要坚持自己的立场。我仍然记得他尝试保护我的态度，比如我们和安杰洛一起骑自行车去教区中心的时候，或者我离开米兰内洛后的头几年搬去和他同住的时候。各自作为两家伟大俱乐部的队长，我们参加的米兰德比给人留下的印象更是不可磨灭的。我司职中卫，他则司职中场，我们并不经常在球场上正面对抗，但一旦正面交锋时，我总是犹豫要不要去铲他，本能地会把双腿往后收，生怕伤到他，我看得出他也有同样的感受。我们之间有些话尚未说出口，也许永远不会说出口，这在兄弟之间是很自然的事情，但我永远都会感谢他。因为对我来说，他的首秀证明了，梦想能够成真。

帕萨迪纳，1994 年 7 月 17 日

我犯过很多错误，但我很少感到后悔，因为我始终努力忠于自己，忠于自己的情感和价值观。有时候，一时横生的野心、虚荣心，甚至疲惫都可能致使人做出错误的决定。

一切就绪。主裁判准备鸣响哨子。边裁确认塔法雷尔是否站在球门线上。

我把球放在罚球点上，然后开始后退——只是身体在后退，而我只能前进。因为我从不退缩，即使这意味着犯错。

另一个时刻即将展现开来。

当沉浸在等待重要时刻的喜悦之中，我时常感受到最美妙的情感。但那一刻终于到来的时候，一切都进展得如此迅速，我甚至没有时间停下来充分享受等来的喜悦。我的意甲首秀就是这种情况。

我还在青年队踢球的时候，偶尔就有机会在 AC 米兰坐镇圣西罗球场的比赛充当球童。站在场上，抬头看着两层看台上挤得满满当当的球迷，真是让人兴奋不已，感觉人群就要掉下来压在我们身上。站在场边注视着那些此前只在收音机里听说过的伟大球员，看见他们就近在咫尺使我激动得发抖。当然，我梦想有一天自己也能穿上红黑间条衫。在 1977 年，我的二哥贝佩代表国际米兰完成了他的意甲首秀，这让我更加相信自己也能做到。

1978 年，实现梦想的机会突然增加了。那年 4 月，年仅 17 岁的我得到征召，开始与一线队一同训练。当时的主教练是尼尔斯·利德霍尔姆，他可是世界足坛绝对的传奇人物，曾与贡纳尔·诺达尔以及贡纳尔·格伦组成了著名的瑞典三叉戟。在 20 世纪 50 年代，瑞典三叉戟曾经红极一时，并随红黑军团赢得众多荣誉。当时球队的技术总监是内雷奥·罗科，我在米兰内洛的成长他一直看在眼里。

我还没有习惯与里维拉及其队友待在同一间更衣室，而我之所以能进入意甲比赛的大名单，主要是因为队内主力自由中卫毛里齐奥·图罗内的禁赛。随队前往维罗纳备战客场比赛时，我仍然不敢相信这是真的。对 AC 米兰而言，客场对阵维罗纳历来较为艰难，我不知道自己是否有机会登场。

那天晚上，在酒店里，我失眠了。我不确定自己是否能够登场，但我知道这很有可能。我试着想象与一线队球员们并肩作战，可是直到最近，我还认为他们遥不可及，我也许还会身穿红黑军团令人垂涎的 6 号球衣。担任队长的是詹尼·里维拉，我曾经收藏过他的球星卡。想到如果明天我能够完成首秀，就会给整个特拉瓦利亚托镇、给那些陪伴我一路从教区来到米兰内洛的男孩们带来欢乐，我简直无法压制激动又紧张的情绪。

周日上午，就在吃午餐之前，利德霍尔姆和他的助手找到我，告诉我我会出场。仅此而已。没有鼓劲的话语或者激励的调侃。留给我的只有寥寥数语："按照你惯有的方法踢，保持冷静。"

当我们抵达体育场，场地映入眼帘时，多年的牺牲和梦想突然在我的心中激荡。我就像是座随时都会喷发的火山，但必须尽量表现得平静。然后，比赛开始了，经历了最初的几次传球之后，欲望、恐惧、首秀的焦虑乃至看台上的球迷都消失了，只剩下足球、我的对手和队友们，我做的正是自己最擅长的事情——踢足球。

天气很热，节奏相当缓慢。比赛踢得颇为艰难，因为第 34 分钟的乌龙球，我们以 0 比 1 的比分落后。但在下半场，我们重整旗鼓，很快便由比贡破门，扳平了比分，然后，布里亚尼的点球让我们反超。我们和维罗纳在联赛赛场都没有太大的野心，接下来的比赛一直较为乏味，等到终场哨声响起，我们以 2 比 1 的比分取胜。我踢球时始终专心致志，在防守端听取队友的建议，但情绪却让我退缩，我选择用一种相当简单的方式表达自己，除了那次足以成为我经典表现的移动：我对对方前锋的意图进行预判，带球过掉他，随即发动进攻，高昂着头颅。这么多年过去，我再次回顾当初那场比赛时都不禁相信，即使仅仅作为一个男孩，我也拥有明确的根基，并用它来构建我的比赛。以下是 1978 年 4 月 23 日那场比赛的阵容：阿尔贝托西、萨巴迪尼、博尔迪尼、莫里尼、贝特、巴雷西、托塞托、卡佩罗（第46分钟被高迪诺换下）、比贡、里维拉以及布里亚尼。

比赛结束时，取胜让我眉开眼笑。在更衣室里，大家都在称赞我。内雷奥·罗科说了一句他的经典俏皮话："你也上场了？！"在队友们的笑声中，我满脸通红。在我的处子秀上，竟然有利德霍尔姆和罗科这两大传奇人物坐在教练席上，这是我至今仍引以为傲的事情，尤其是罗科，尽管外表粗暴，却深知如何用自己的方式对我们这些年轻球员表达关爱，让我们觉得自己是球队的一员。

在球场外，我见到了大哥安杰洛和姐姐露西娅，他们一听说我进入大名单，就提前安排日程，专程赶来观看比赛，希望见证我的处子秀。与他们拥抱时，我深感自豪，这样的自豪感将我们团结在一起，就像是我们兄弟姐妹在成长过程中面对困难时所表现出的勇气。不知不觉中，我自己也真正拥有了这种勇气。

那是我那个赛季唯一一次在意甲出场。赛后去度假时，我对未来仍然没有把握。我确实有可能被租借到乙级甚至丙级联赛。尽管当时的流言铺天盖地，但我仍选择相信俱乐部的意愿。那时的青年队球员都没有经纪人，也没有像今天这样的金钱交易。一切都简单得多。你在俱乐部长大，自然就会信赖它。

虽然关于我的未来尚无定论，但我得到征召，前往维皮泰诺，参加一线队的夏季集训。我关注着转会市场的动向，AC米兰选择将图罗内出售，我首秀时正是顶替他出任的自由中卫。他是非常出色的球员，所以所有人都对那次交易感到惊讶，包括我自己。但我没有胡思乱想，因为利德霍尔姆的想法是，把比贡从前场调回防线，他认为比贡丰富的经验可以在自由中卫位置发挥作用。

夏训中前几次训练项目的强度极高。然后，我们开始踢友谊赛。我和得到征召的其他青年队球员一样，都有机会登场。当时，我们这些年轻球员要在比赛前抵达球场，帮助装备经理提袋子。这样就不用担心因兴奋过度而出现头脑发热的危险了。

我不记得当时我们跟哪些球队踢了友谊赛，但每场比赛我都有机会在下半场登场，而且总是出任自由中卫的位置，比贡则会前移到中场。从一开始，我就能够让球迷、队友和教练感到满意。当球队踢得侵略性不足，我作为替补登场，更容易为球队带来活力。

我认为，在我们返回米兰内洛的那段时间，利德霍尔姆开始认真地评估我是否有能力担负起主力，即自由中卫的重担。所以，在8月底，我入选了米兰城市杯的大名单，我们的对手包括尤文图斯，还有来自巴西的弗拉门戈和弗鲁米嫩塞。从一开始，我就位列首发阵容，那也是我第一次在圣西罗球场踢球。我踢得很棒，我们在决赛中以4比2的比分战胜了有着多名冠军球员压阵的尤文图斯，最终捧得了奖杯。尤文图斯队中的许多人刚刚随意大利国家队出战了1978年阿根廷世界杯，获得第4名。那时候，利德霍尔姆终于拿定主意，让我出任自由中卫，并把比贡移到中场。

1978—79赛季开始了。我们拥有一支出色的球队，但是当时意甲冠军的最大热门是尤文图斯和国际米兰。所有人都照顾和保护着我，日复一日，在里维拉、比贡和阿尔贝托西等老球员的帮助下，在我的防线拍档贝特、科洛瓦蒂和马尔德拉的支持下，我甚至成功得到了媒体的认可，表现得越来越自如。

回顾我的意甲处子赛季，可以说简直无与伦比。午餐时，我与里维拉以及比贡坐在一起，我尽管很害羞，但仍以专注且恭敬的沉默来对这样的特权表示尊重。整个赛季，我只在少数几个场合主动发表过意见。然而，在球场上，我打满了全部30轮联赛，两次与国际米兰的对决中我们一胜一平，积分甚至超过了创造不败历史的佩鲁贾，后者在整个赛季保持不败的佳绩。再加上一点运气，我们赢得了意甲冠军，这是AC米兰队史的第10座意甲冠军奖杯，按照意甲的规则，我们可以在后一个赛季的球衣上绣上一颗星。我第一次完整地随队参加意甲比赛，就已经拿到了意大利冠军！

关于那个赛季，我记忆犹新的是与尤文图斯的两次对决，他们是意甲的王者之师，当然还有与贝佩效力的国际米兰的德比较量。蓝黑军团是夺冠的大热门，但他们没能击败我们，尤其是次回合客场对阵国际米兰的比赛，简直令人难以置信：比赛还剩10分钟时，我们还落后两球，但凭借瓦尔特·德韦基的两个进球，几乎是压哨扳平了比分。至今回想起利德霍尔姆赛后点评时讽刺的话语，我还会禁不住露出微笑："太糟糕了，时间不够了，因为我们本来可以赢的。"另一场让我印象深刻的比赛是主场对阵卡坦扎罗。当时是1月初，圣西罗球场南看台，也就是AC米兰死忠球迷聚集的看台，下面的那部分场地在冬天会结冰，因为那里几乎总是在阴凉处。下半场，我有一次技惊四座的表现，我在对方半场得球，在结冰的场地上保持住平衡，连续盘带过掉几名对方球员后送出传中球，帮助诺韦利诺破门，将比分改写成 3 比 0。这是我第一次听到 AC 米兰的球迷为我高唱赞歌。最终，我们领先佩鲁贾 3 分，领先尤文图斯 7 分，领先国际米兰 8 分，赢得了冠军。

1979 年，我被确定为首发球员，我们最终在 1979—80 赛季获得意甲联赛季军，却因为意大利足球历史上最悲伤的一页而降级，那就是载入史册的假球丑闻。当时我年纪还轻，得知自己参与了被操纵的比赛，感到震惊不已。

撇开那段痛苦的往事不谈，第一次得到国家队的征召，参加 1980 年在意大利举行的欧洲足球锦标赛，我依旧开心不已。

接下来的 1980—81 赛季，我随队征战乙级联赛，球队阵容几乎没有什么变化，队长是阿尔多·马尔德拉，主教练换成马西莫·贾科米尼，他曾在两年前带领乌迪内斯赢得乙级联赛冠军。这个赛季过得极其艰难，我们要承受的失败有点多，但最终，我们仍然以领先切塞纳和热那亚

2 分的优势，拿下了乙级联赛冠军，联赛最佳射手是我们队的罗伯托·安东内利，他总共打进 15 球。

之后的新任主帅路易吉·拉迪切充满激情，极具魅力，在他的指导下，我的职业生涯在球队重返意甲后回到正轨，发展前景似乎颇为光明，但一场意外令人猝不及防。1981—82 赛季开始后不久，我开始感觉下腹部以及耻骨区域持续不适。以俱乐部传奇医生蒙蒂为首的 AC 米兰医务团队推测，虽然我以前从未遭遇过肌肉或者炎症问题，但可能是腹股沟疼痛。预防起见，队医让我休息，但不适感持续增加，逐渐蔓延到全身。几周后，我发现自己得坐上轮椅了。队医们想让我放宽心，但我面对这样的打击已经茫然无措。就在不久前，我还是意甲赛场上身强体壮的职业球员，突然在 21 岁，非但没法踢球，甚至连路都不能走了。

在等待医生决定下一步如何治疗的这段时间，我选择回到特拉瓦利亚托，因为在米兰内洛天天卧床不起的日子让我无法忍受。接下来的那周，AC 米兰的医务团队打电话给我，建议我住院接受所有必要的检查。

一连串的临床检查开始了，但迟迟没有得出诊断结果，我的情况继续恶化。我迅速消瘦，有时候甚至不能靠自己穿衣服。我被怀疑的阴霾笼罩着。我怎么会连站都站不起来？为什么医生搞不清楚我的病情？在这样的时刻，时间似乎无限地延伸。躺在床上，几天逐渐变成几周。最后，我别无选择，只能接受自己虚弱的现状。不这样做的话，我会发疯的。我必须学会接受最难以接受的状态：对于我自己，对于我的极限，对于我这个人脆弱的一面。

终于，医生们发现我有血液感染的情况，经过几次尝试，他们终于找到了合适的抗生素。几周后，我能自己走着出院了。那时，我已被病痛折磨得非常虚弱和消瘦，却对恢复的道路充满热情，渴望尽快恢复状态，重新归队。

我姐姐陪我去了蓬泰迪莱尼奥。他们说，山区的空气对我有好处，能让我恢复得更快。渐渐地，我走路的时间变得更长，体重也慢慢增加。日子在那段时间仿佛过得很慢，我拥有充裕的时间，感悟到人的命运好比悬于一根细线，那根细线很可能突然就断裂。而在这样的时刻，家人的精神支持是何等重要：近在身边的陪伴，一句安慰的话，一个拥抱，每个微小的举动都有助于恢复失却的力量。

几个星期过后，我回到米兰内洛，开始康复和跑步训练时，却发现路易吉·拉迪切已经离任，这让我颇为失望，因为我俩在此前建立了良好的关系。接替他的是伊塔洛·加尔比亚蒂，我15岁在青年队踢球时，他正是该队执教。缺阵4个月之后，我终于在1982年1月31日重返赛场。

1981—82赛季是个被诅咒的赛季。一开始，没有人想到会遭遇那样惨重的失败。最后一轮之前，我们期待能够保级成功。我们的对手是切塞纳，要保级就必须赢球，而且我们的保级对手同时也得输球。这是一个惊喜交加的周日。在落后两球的情况下，我们寻获了顺利逆转比分的强大力量，凭借安东内利令人叹为观止的进球，最终以3比2的比分获胜。其他球队的结果也对我们有利，然而，当我们离开球场时，却发现热那亚在最后几分钟逼平那不勒斯，完成自救的同时却将我们抛进深渊。我们再一次被降入乙级。

在体育场外，发生了一件对我触动很深的事情。许多球迷都在等待我们，他们既失望又愤怒，却没有人提出抗议。事实上，我们缓步走上大巴时，除了稀稀拉拉的一片掌声，他们始终保持沉默。那种沉默透露出的是共情，甚至是关爱。我将永远铭记那一刻。

接下来的几个星期，我思考了很多关于我和 AC 米兰未来的问题。很多传言声称我可能离队，因为我是颇具天赋的年轻球员，许多人认为我应该留在意甲，转会到另一家俱乐部。

事态的发展仍然极快。恰逢 1982 年西班牙世界杯，我知道国家队主教练恩佐·贝阿尔佐特在考虑让我加入。让我非常开心的是，不久我就得到了入选意大利队大名单的消息。

动身前往西班牙之前，我接到了 AC 米兰高层的电话，当时的俱乐部主席是朱塞佩·法里纳，里维拉担任副主席，他们告诉我，球队的重建计划将以我为根基，我如果选择留下来，就将成为队长。

如果回顾此前几个月发生的一切，从生病到球队降级，再到响应国家队的征召，我感觉自己始终都是毫不犹豫地做出决定。当我深陷困境，AC 米兰接纳了我，培养我，在我生病时悉心照料我。他们就是我的家人。我不能在他们最需要我的时候弃之不顾。因此，我自豪地接受了队长的新角色，肩头感受到袖标的重量，踏上了世界杯旅程。

我们的西班牙之旅成了数百万意大利人记忆中不可磨

灭的胜利。我是队里最年轻的球员之一，此前还没有代表国家队出场的经历。我只需要向那批参加过 1978 年世界杯的球员学习，他们与主帅贝阿尔佐特关系密切。虽然我没有得到登场机会，但那仍是一次美妙的经历，而且在训练期间我竭尽所能地贡献自己的力量。我们是一个极为紧密团结的集体，以牺牲精神和相互尊重为团队基础，这些品质在那届世界杯期间发挥了关键作用。

第一轮小组赛结束后，我们取得 3 场不太满意的平局，但成功进入下一阶段。那届世界杯的赛制有所变化，增加了第二阶段小组赛，每个小组仅有 3 支球队，每个小组的头名将跻身半决赛。对我们而言，抽签结果很不理想，我们要面对的是两支顶级强队：马拉多纳所在的阿根廷队和济科所在的巴西队。所有人都预测我们将被淘汰。但我们从困境中脱颖而出的能力改变了一切。我们踢了两场精彩纷呈的比赛，展示出我们理解比赛的能力、战术水准以及强韧的神经——这些都是意大利国家队的特质。在与波兰的半决赛中，我们兴奋异常，感觉自己是不可战胜的。最终我们轻松获胜，跻身将在马德里举行的决赛，对手是我们的宿敌联邦德国队。

那是 1982 年 7 月 11 日。我坐在看台上观战，身旁是情绪低落的安托尼奥尼，他没能及时从伤病中恢复。离我不远的地方则坐着意大利共和国总统亚历山德罗·佩尔蒂尼。我还清楚地记得他在我们进球时喜形于色的情景。当阿尔托贝利破门，将比分改写为 3 比 0，他兴奋得跳起来高喊："他们再也追不上我们了！他们再也追不上我们了！"他说得没错，我们以 3 比 1 的比分取胜，意大利队第 3 次赢得世界杯冠军。

比赛结束后，我走下看台，来到场地内和队友们一起庆祝。放眼望去，圣地亚哥·伯纳乌球场满是三色旗，那景象实在壮观。经历了假球丑闻之后，意大利足球像凤凰般从灰烬中重生，一飞冲天。归国的旅程堪称神奇。佩尔蒂尼总统邀请我们乘坐他的专机，当飞机在罗马降落，整个国家都在欢迎我们的归来。在那里，我意识到我们所取得的成就拥有非凡的力量。那是一种举国欢腾的庆祝，人潮涌动，旗帜飘扬，组成游行的队伍，簇拥着我们，从机场一路返回市区。

几个月前，我还如同囚犯般被困在医院病床上，甚至不知道自己还能不能再走路，如今却实现了足球运动员的终极目标，在首都的街道上游行庆祝。这是一个我儿时甚至不敢表达的梦想，因为它距离一个赤脚在农舍院子里踢球的孩子是那样遥远。

那次非凡的西班牙夺冠之旅，让我真切地感受到团队的凝聚力与日俱增，而我正是这样强大团队的一分子。他们个个都是出类拔萃的球员，更是令人钦敬的男子汉，为了球队的成功，不惜牺牲个人发挥。所有这些经历让我受益匪浅，给我的职业生涯带来了极大的启发。

1982—83赛季的乙级联赛开始时，我丝毫没有大材小用的感觉；相反，我感觉无论对于我个人，还是俱乐部，新的时代正在拉开帷幕。我根本没有做好担任队长的准备。因此，我选择从最简单的事情做起：我牢记自己的根，牢记那些帮助过我的人们所给予的建议，牢记我仔细观察过的冠军球员们的言行。我明白，有时应该果断行动，有时应该细心观察，我深知应该采取行动的时候决不能逃避。同时，对于身边队友们的敏感情绪，也要小心地予以尊重和体谅。就这样，我赢得了队友们的信任，逐渐成长为一名真正的队长。从不退缩，倾尽所有，就是我向那些信任我的人们表达感激的方式。

我们迎来了新主帅，伊拉里奥·卡斯塔涅尔，他安排的比赛计划总是积极主动，专注于培养年轻球员。球队引进多名球员：纳扎雷诺·卡努蒂、阿尔多·塞雷纳以及贾恩卡洛·帕西纳托从国际米兰加盟，其他新援还包括奥斯卡·达米亚尼、维尼乔·韦尔扎以及乔·乔丹。乔·乔丹是来自苏格兰的世界级前锋，曾代表苏格兰队在三届世界杯上取得进球。这个赛季是一段精彩的旅程，我们享受着踢球的乐趣，让球迷们振奋不已，他们自始至终支持着我们，即便是观看乙级联赛，也经常能把圣西罗球场挤得满满当当。

但那个赛季之所以令人难忘，不仅因为我们赢得了联赛冠军，还因为在一次客场之旅期间，我邂逅了将会照亮我余生的女人。

2月的时候，我们客场对阵阿雷佐，全队住在蒙特瓦尔基的一家酒店里。我不能出场，但仍然随队出征。保罗·马里孔蒂一如既往地与我们同行，他对我而言非常特殊，陪伴了我大部分的足球职业生涯。在我14岁来到米兰内洛时，马里孔蒂是青年队的按摩师。我俩一见如故，他始终保护着我。他有点像是我第二个父亲。他总是知道该说什么，脸上总是挂着令人难以抗拒的微笑，就像法国著名影星让－保罗·贝尔蒙多。我们一起被提拔进一线队，这进一步加强了我们的关系。按摩师往往跟球员非常亲近，清楚他们的脾气秉性以及关系动态。马里孔蒂了解我的为人，知道我在某些情况下会感到害羞和尴尬，于是他会在恰当的时间开个适合的玩笑，是他帮助我顺利融入了一线队。

那是比赛前一晚，我们全队在皮科洛·阿莱卢亚餐厅吃饭时，马里孔蒂肯定注意到我被为我们上菜的女孩迷住了。他想得没错！因为我看到她的那一刻，心脏简直就要在胸腔里炸开了。她金发碧眼，一笑一颦着实令人惊艳。在我眼中，房间的每个角落好似都是她的身影。

我不敢和她说话，光是看着她就让我满脸通红。由于第二道菜上得较慢，马里孔蒂对她开玩笑，不能让队长干等。她的名字叫毛拉，是餐厅老板的女儿，老板则是 AC 米兰的铁杆球迷。她对足球一无所知，却会尽力把一切安排得尽善尽美，让父亲高兴。她有些担心，问大家为什么叫我队长，因为她不知道每支球队都有队长。我出面缓解了她的尴尬，不过我没说什么特别的话，更没有令人难忘的妙语。但是这些简单的话语，再加上马里孔蒂的帮助，为我俩开启了一段非凡的命运旅程。

第二天上午，我鼓起勇气，邀请她来看比赛。她没有给出确定的答复，进入球场后，我焦急地等待着她的到来。最后，她出现了，我相信这是我唯一一次没有把注意力集中在球场上的一场比赛。尽管我们那次的相处时间相当短暂，但我意识到她就是我的真命天女。我对她一见钟情。

接下来的几个月，我只要一踢完比赛，就会开车直奔蒙特瓦尔基。没过多久，在 1984 年 9 月，我们结婚了。爱上她是全世界最自然的事情，即使是现在，结婚已经超过35 年，我每次出差时，仍然计算着时间，盼望着能够早点到家把她拥入怀中。

岁月会对一个人的命运产生不可磨灭的影响。不可思议甚至激动人心的事情发生了，一切都让人感到不确定，就连时间本身似乎也失去了意义。1982 年是我生命中最重要的一年。这一年，原本一切都可能就此结束，但恰恰相反，我的生活进入了重要的全新阶段。

帕萨迪纳，1994年7月17日

　　革命爆发于我的内心。数年前，我渴望尝试不同的东西，而在足球比赛中，我可以无拘无束地展现自己。当我见识到足球比赛的魅力，我充分地理解并全身心地投入其中。一切都很自然。刹那间，我感受到愿望的实现以及终极的自由。没有这样的转变，革命就不会到来。

　　如今，我已经完成了自身的革命循环：因为每一个想法，每一次对比赛的解读，每一个动作都直接展现出我对自由的渴望。

　　但现在，我只是盯着罚球点上的足球，自由消失不见。我无法将美好的愿望强加于他人，无法改变现存的体系，也无法预测接下来将会有怎样的经历。

　　我必须约束自己，去执行既定的方案。我无法创造，我必须执行。

　　担心犯错的感觉再次浮现。

　　我盯着足球。它已经不再属于我。

　　要主罚点球的那个人已经不再是我。

出任自由中卫，我感觉自己陷入了困境。我局限在这个位置之中，无法完全发挥出自己的潜力，无法按照自己的想法去参与比赛。很多时候，我觉得自己更倾向于进攻而不是防守，渴望一种能够完全展现自身能力的比赛风格。我从小一直习惯的踢球方式——人盯人防守，似乎已经过时，注定会销声匿迹。

那是 20 世纪 80 年代上半叶，到处都弥漫着革新精神。我也对这种现代化的趋势兴趣浓厚，感觉足球同样需要改变。我密切关注了那些尝试新风格的欧洲球队，比如皇家马德里的攻势足球。在意大利国内，我对尼尔斯·利德霍尔姆执帅的罗马队特别着迷，正是这位教练让我完成了意甲首秀，并带领我们赢得了联赛冠军，让象征着 10 次意甲冠军的星徽绣在了 AC 米兰的球衣上。他强调通过比赛提升球员的个人技术，以此给观众带来愉悦，同时也帮罗马队取得了出色的战绩，比如赢得 1982—83 赛季的意甲冠军，并在 1984 年进入欧洲冠军杯决赛。我喜欢利德霍尔姆对中卫角色的现代化诠释，他倡导以区域盯人体系来代替以往的人盯人战术，因为区域防守赋予球员更大的移动自由。

我并非身高体壮型的球员，这可能会限制我在人盯人战术中的发挥。我会用侵略性、预判对手想法以及在狭小的空间内完成最大提速的能力来弥补，而所有这些特点若放在这位瑞典教练的体系中都极具价值。在他的体系中，我将从传统的自由中卫，或者说拖后数米以保护整条防线的大闸，转变为一名中后卫，与其他后卫一同构成防线，更加积极地参与到比赛的进攻环节中去。

革命从来不会突然而至，总是萌生于经过精心准备的沃土之上，因此，当 AC 米兰主席朱塞佩·法里纳透露打算在 1984—85 赛季将利德霍尔姆重新请回红黑军团担任主帅，我立刻热情高涨，尤其是因为我知道，利德霍尔姆不但聪明过人，还是一位能够让球员发挥出最佳水准的教练。

重返米兰的前两个赛季，这位瑞典教练通过区域防守战术，构建了以漂亮足球为目标的足球哲学，为即将到来的真正革命奠定了基础。和我一道，一批年轻的意大利球员开始接受他的原则，并且成为未来 AC 米兰的核心力量。他们是毛罗·塔索蒂、菲利波·加利、阿尔贝里戈·埃瓦尼以及只有 16 岁的新人保罗·马尔蒂尼。

我们在 1984—85 赛季获得了意甲第 5 名，进入意大利杯决赛，并且获得参加一个赛季欧洲联盟杯的资格。在1985—86赛季，也就是利德霍尔姆回归的第二个赛季，我们的成绩无法让人满意，就在此时，决定性的转折点出现了：主席法里纳决定出售俱乐部，因为俱乐部的财政状况已经无法维持辉煌历史带给 AC 米兰的较高期望。某些变化需要时间和极具远见卓识的领军人物才能完成。这样的领军人物在1986年2月20日到来——当时俱乐部被西尔维奥·贝卢斯科尼收购，他任命阿德里亚诺·加利亚尼为首席执行官，阿里多·布拉伊达为总经理。这两位高管将以他们的热情和专业能力为俱乐部创造财富。

我清楚 AC 米兰的财政状况很不稳定，欢迎新老板到来的同时，也充满好奇。在他担任主席的头几个月，我见证了他对每个细节的评估，评估过后，便开始革新，涉及球队阵容、俱乐部设施以及球场内外的管理。

在贝卢斯科尼到来后的第一个夏季转会窗口，俱乐部不但确定尼尔斯·利德霍尔姆留任，还引进了多名关键球员，包括罗伯托·多纳多尼、达尼埃莱·马萨罗、达里奥·博内蒂、朱塞佩·加尔代里西以及守门员乔瓦尼·加利。与此同时，俱乐部还对米兰内洛基地进行了全面的翻新：粉刷墙壁，铺设红地毯，翻修球员房间、更衣室以及健身房，甚至建了新花坛以美化环境，因为美源自美，AC米兰必须方方面面都极具美感。球员自然也包括在内：我们必须把自己打扮得漂漂亮亮，遵循均衡的饮食方案以改善心理及身体状况，这样的理念在当时是革新性的。

1986年7月18日，我们在米兰的市政竞技场集结，准备正式开启新赛季的夏季备战，一件非同寻常的事情发生了。伴随着《飞翔的女武神》的旋律，我们乘坐直升机抵达球场，被介绍给记者和球迷们。许多人可能认为这样的姿态有些夸张，甚至是狂妄自大的，但在我看来，这是贝卢斯科尼想要传达的一个强有力的信号，他要告诉我们这支球队，告诉整个足球界：新的时代正在诞生，AC米兰将成为这个时代的主角。

贝卢斯科尼本人有坐直升机前往米兰内洛的习惯，我们一听到他的飞机从远处接近，就会整齐划一地列队迎候他。在米兰内洛基地，他第一次将我们聚集起来，专门对球队进行了演说，他宣布他的目标是让AC米兰在几年内成为全世界最棒的球队。我听着他的演说，内心极为感动。我们此前经历了艰难的时期，成绩不佳，财政也出现困境，只能通过电视观看别的球队征战欧洲冠军杯，如今形势正在逐渐恢复。但贝卢斯科尼的热情确实极具感染力，给我们留下了深刻的印象。与他谈话总是令人感到愉快。他要求极高，但也向我们传达着一种新的足球理念，那就是我们不仅要获胜，还要踢出让人惊叹的比赛。我和我的队友们开始相信他的理念。

1986—87赛季，对贝卢斯科尼主席而言是过渡时段，虽然球队仍然由利德霍尔姆执教，但贝卢斯科尼同时在评估如何对俱乐部进行改善。球队的战绩和表现均未达到他的预期，赛季即将结束时，我们连遭败仗，他意识到利德霍尔姆的执教应该结束了。尽管不太情愿，他还是决定解雇瑞典教练，将球队交给利德霍尔姆的副手法比奥·卡佩罗。卡佩罗带领我们踢完了那个赛季。我们在联赛与桑普多利亚同分的情况下，又在附加赛1比0战胜对手，获得了欧洲联盟杯参赛资格。

那个赛季，我们在意大利杯被当时征战乙级联赛的帕尔马淘汰，执教该队的是来自罗马涅地区的年轻教练阿里戈·萨基。那次比赛，帕尔马踢出了极具凝聚力和侵略性的比赛，给我们造成了极大的麻烦，这给贝卢斯科尼主席留下了深刻的印象。直觉告诉他，如果聘请萨基执教，我们便能够实现他对胜利乃至漂亮足球风格的期待。

1987年夏天，萨基先生加盟，还从帕尔马带来几位他认识和尊敬的球员——罗伯托·穆西、马里奥·博尔托拉齐以及沃尔特·比安奇，与此同时，荷兰国脚路德·古利特和马尔科·范巴斯滕也加入进来。意大利球员卡洛·安切洛蒂和安杰洛·科隆博也在夏季转会期来投，无论速度还是技术，科隆博都是无可替代的球员，不朽之师的阵容组建完毕。

尽管有人对萨基持怀疑态度，但在他手下踢球，我仍然充满新鲜感。许多人认为他坚持不到赛季结束，媒体对萨基也怀有敌意，因为他说话的方式与其他教练不同，提出的创新理念又让大多数人难以理解。就连顶级记者詹尼·布雷拉也形容他是被天堂景象征服的使徒。与他不同，我不用考虑立足的问题：我已经为AC米兰效力10年，像许多队友一样，我对胜利充满渴望，而且终于看到了隧道尽头的光亮。对我而言，完全听命于新教练是很自然的事。

第一次训练异常艰苦。体能教练温琴佐·平科利尼虽然面带微笑，但给我们施加了极大的压力。萨基在训练时简直把我们当成一级方程式赛车手。如果我们训练时的速度只有每小时 50 千米，那么比赛时怎么能飙到每小时 300 千米呢？此外，不但球员个人要保持高速度，整支球队也要严格执行萨基的战术体系。因此，我们以难以置信的强度进行训练，就像在进行真正的比赛。我们都未曾经历过这样高强度的训练。

萨基知道如何做出正确的决定，他立即让我们参与到他的革新过程中去。他狂热地注重细节，我们只能不停歇地训练，直到他发现我们实在筋疲力尽或者效果已接近完美。傍晚回到家时我总是极其疲惫，但感到开心。日复一日，我不断学到新东西，这激励我勇往直前。能够以现代的方式来诠释我的位置，为此我愈发感到兴奋。

虽然人数少，但只要组织得当，就能够击败人数多却组织无方的对手，这是萨基的基本信条之一。因此，我们的训练项目集中于学习如何完全同步地移动，这样就可以根据足球和对手的位置，几乎条件反射般地协同做出反应。我们进行 1 对 1、2 对 2 以及 3 对 2 训练，一直到由我们 4 名后卫面对 8 名对手。我们必须学会在守门员开大脚球时将防线前移，什么时候采取盯人战术，什么时候为队友补位，站成一线让对手落入越位陷阱，在对方的进攻初始阶段便对持球者实施压迫从而将其攻势瓦解。毕竟，创新通常只是做与以往一样的事情，只不过采取了新的方法，我们继续练习防守和进攻，但始终团结一致且采取不同的移动方式：我们必须保持紧凑的阵形，防线与锋线的距离最多是30~40米。这样的理念如今已经是众所周知，但在当时，它们却代表着足球诠释方式的一场彻底的革命。

最初的几个月有些艰难。我们需要时间完成过渡，而且1987—88赛季初的战绩似乎证实了怀疑者们的想法。意甲首轮客场击败比萨后，我们主场不敌佛罗伦萨，最微妙的时刻随即来到，我们在欧洲联盟杯第二轮被西班牙人淘汰出局。尽管球迷始终支持着我们，也对接下来的进程感到好奇，但当我们很难踢出主教练要求的比赛时，球队内部的紧张气氛自然显而易见。贝卢斯科尼被迫出面，重申他完全信任主帅萨基，这在意大利足球界并非小事。因为一旦球队战绩出现起伏，主教练就会受到质疑。贝卢斯科尼主席释放的信号至关重要，激励我们继续坚信现行的方案。我们都要对自己的未来负责，无一例外。

就我而言，每踢一场比赛我的自信心都在增长，我意识到我们的创新型战术体系开始逐渐奏效：我们的跑动和传球似乎将对手弄得晕头转向。

我们争夺联赛冠军的最大对手是马拉多纳领衔的那不勒斯。两支球队的较量持续了整个赛季。我们一直扮演着追赶者的角色，日复一日，迎来圣保罗球场的决定性战役之前，我们总算成功赶上对手，将落后那不勒斯的分差缩小到 1 分。我们必须取胜。我们确信自己的战术打法会让他们陷入困境。那场比赛中，我们踢出了绝妙的团队足球，充分展现出我们全新的战术理念：高位逼抢、控球、造越位、高强度。我们从一开场就采取攻势，并凭借维尔迪斯的进球取得领先，但半场结束前，马拉多纳用漂亮的任意球破门予以回应。马拉多纳是一名伟大的冠军球员，除了非凡的实力和技术，他承受沉重打击却从不抱怨的能力也给我留下了深刻的印象。对队友而言，他是真正的领袖。下半场伊始，萨基换上了范巴斯滕，那个赛季他因为伤病几乎没有出场，我们都非常想念他！范巴斯滕登场后，我们展现出了更强劲的实力。维尔迪斯再次进球，帮助我们以 2 比 1 的比分再次领先，马尔科打进了第 3 球，帮助球队锁定胜局，那不勒斯的卡雷卡在比赛最后时刻的进球也只是将比分追成 2 比 3。

那是一场辉煌的胜利，连那不勒斯球迷都毫不吝惜地送上掌声。我们登上积分榜首位，联赛最后一轮战平科莫后仍然保持在这一位置，这让我们赢得队史第 11 个联赛冠军。整个赛季中我们只输了两场比赛。时隔 9 年，我再次成为意大利冠军，这次是以队长身份捧杯。

俱乐部决定让所有没能随队前往科莫的球迷和我们一起庆祝，夺冠当晚在圣西罗球场组织了一次聚会。当我们抵达圣西罗，整个球场完全被红黑两色填满，令人振奋不已。7 万人纵情庆祝。面对这样的景象，我们简直难以置信。首先是贝卢斯科尼主席致辞，然后我们集体绕场一周。回顾足球历史，赢得众多奖杯的球队不在少数，但因为其比赛风格而被铭记的却少之又少。我们不仅仅赢得了桂冠，更创造出全新的赢球方式。我们不仅仅是一支紧密团结的球队，行动一致，犹如管弦乐队正在演奏气势恢宏的音乐；我们更是完整的团队，以漂亮足球的方式团结在一起，赢得了辉煌的胜利。与粉丝拥抱的经历独特而又令人难忘，是相互感激的完美结合：他们感激我们，是因为我们给他们带来了惊喜和愉悦；我们感激他们，则是因为他们给予我们支持。那天傍晚发生的事情简直不可思议，甚至超越了体育的范畴：难以置信的快乐，无比强烈的情感，共同的意愿抹平了人与人之间的差异，我们、俱乐部以及球迷，在那个夜晚无与伦比地结合在一起。

1988 年夏季，球队对有提升空间的位置均进行了补强，引进了年轻的克里斯蒂安·兰迪尼奥蒂、守门员弗朗切斯科·安东尼奥利和达维德·皮纳托，还有弗兰克·里杰卡尔德，这位全能型中场在加盟后的首次训练就凭出色的技术和身体力量给我留下了深刻的印象，他的到来也使荷兰三剑客组建成功。他是三剑客中最低调的一位，但因为出色的跑动能力成为球队不可或缺的球员。此外，我们还迎回了完全康复的范巴斯滕。作为一个凝聚力极强的团队，我们配合得天衣无缝，对伟大成就的不懈追求驱使我们前进，最终引领我们重返欧洲冠军杯赛场。正是在欧洲赛场，我们又一次攀上了巅峰。其中两组对决让我记忆犹新，这两组关键对决为我们的夺冠奠定了基础。第一组对决是 1988 年 11 月对阵贝尔格莱德红星。历史往往由细节决定，在南斯拉夫时，我们的传奇完全可能被扼杀在襁褓之中。那是欧洲冠军杯的第二轮。贝尔格莱德红星拥有一支实力出众的队伍，虽然在当时还不为人所知，却才华横溢，由一批天才球员组成，其中便包括后来与我成为队友的德扬·萨维切维奇。两年后，这支球队赢得了欧洲冠军杯冠军。从战术层面来衡量，两场比赛均极其复杂。首回合在圣西罗球场，两队以1比1的比分握手言和。让对手取得客场进球，这样的结果对我们不利。第二轮在我们抵达客场后，古利特感觉身体不适。我记得他在酒店的走廊上尝试冲刺跑，却做不到。贝尔格莱德的马拉卡纳体育场座无虚席，据报道，观众人数多达10万人。到处都是警察。场地状况不太理想，天气很冷，充满敌意的气氛几乎令人生畏，但我尽量不让自己受到影响。我总能够将自己的思绪与外部环境分隔开来，同时完全专注于目标。如今，要做到这一点，人们往往依靠心理学家、冥想技巧、正念专家以及生活教练等专业人士和方法。但对我来说，这些是很自然的事情。比赛之前，我会理顺思绪，告诉自己除了球场和对手，其他都不复存在。比赛开始时，我已经做好准备，全身心地投入比赛，脑子里考虑的只有比赛。当被问及如何应对某些球场极其不利的环境，我通常甚至不知道该如何作答。因为我只专注于比赛。

比赛开始了。南斯拉夫人踢得聪明又老练，他们知道前压逼抢和造越位是我们的优势，因此将比赛打理得井井有条，将控球权拱手相让，好像他们不愿意被断球打反击。他们不止一次地把球送到我们脚下，这让我们不知所措，紧张兮兮。上半场，双方将比分踢成0比0，但红星完全有机会取得进球。下半场伊始，萨维切维奇破门得分，红星以1比0领先，我们几乎感到无能为力。然而此刻，命运或者说运气拯救我们于水火。雾气逐渐在马拉卡纳球场弥漫开来。能见度已经很低，维尔迪斯吃到红牌，被罚出场。我们落后一球，又少一人作战，而且踢得很糟糕。我们似乎没有任何机会取胜，此时，雾变得愈发浓厚，裁判被迫在第57分钟中断了比赛。按照规则，双方将于次日重赛，从第1分钟开始，比分仍然是0比0。贝尔格莱德好像从未下过这么大的雾。我们奇迹般地得救了，至少第二天还有机会从头再来。我们回到酒店，比赛的推迟让大家松了一口气，但仍旧忧心忡忡，因为维尔迪斯吃到红牌，重赛时将无法出场，安切洛蒂也吃到黄牌，只要再吃一张黄牌，就会遭遇停赛。那天晚上，我们只是简单沟通了一下，没说什么特别的话，大家都很疲惫，期待能够恢复体力，同时调整好心态。

次日清晨，好消息传来：古利特能够出场了。比赛初始阶段，我们展现出了比前一天更具侵略性的踢法，但很快，我们的进球被剥夺了，球被对方后卫挡出时，明显已经越过门线至少1米。这一小插曲并没有让我们踌躇不前，范巴斯滕的进球将比分改写为1比0，但全场飞奔的斯托伊科维奇为红星将比分扳平为1比1。比赛的均衡状态保持到最后，双方进入点球大战。作为队长，我主动要求第一个主罚。我破门得分。接着，我队的守门员加利扑出了萨维切维奇和姆尔凯拉的点球。我们赢得了胜利。

如果没有贝尔格莱德的那场浓雾，不朽的AC米兰是否还会存在？这样的想法毫无意义，因为历史不是由"如果"或者"但是"构成的。当然，如果不是大雾导致重赛，我们很可能无法赢得那个赛季的欧洲冠军杯，自然也无法赢得接下来的洲际杯，更别说之后……某些变化需要时间和极具远见卓识的领军人物才能实现，但也需要一点运气才能完成。

那个赛季中欧洲冠军杯旅程的第二个决定性时刻，是半决赛次回合主场对阵皇家马德里，遭遇皇马之前，我们在四分之一决赛时淘汰了来自德国的云达不来梅。AC米兰的教练团队中，有一位不按套路出牌的人物，他就是纳塔莱·比安凯迪。纳塔莱极富涵养，但总爱出言讽刺，更是分析比赛的行家里手，我和他是相交多年的朋友。萨基对他颇为倚重，尤其是在国际比赛之前，他总是扮演着观察员的角色。他的工作是研究对手，找出他们的优势和弱点，这些细节能够带给主教练重要的启示。他是一位真正的技术顾问。通常在侦察对手的训练内容的时候，为了避免被认出或者引发怀疑，他会乔装改扮或者冒充游客，也许会与第一个经过身旁的人搭讪，以造成他有同伴、并非独行的假象。有一次，他经过乔装，偷偷溜进了本菲卡闭门训练的场地，发现他们正针对我们的造越位体系进行专门的练习。在那个时代，各个国家展现出的足球哲学也有所不同。了解对手所在的国家以何种心态理解足球，更广泛地说，了解这些国家的文化，也是他工作的一部分，因此他在执行任务时也经常去参观当地的博物馆。他出差回来，会直接向主教练进行汇报，然而，主教练几乎从不将他侦察到的内容告诉我们，以免制约我们的发挥。无论如何，纳塔莱无意中向我们透露皇马组织不力，过于依赖球员个人能力，其足球风格会导致足够的漏洞，任由我们利用。这样的情况确实在半决赛首回合发生了，在马德里的伯纳乌球场，我们在他们的主场踢出了属于自己的比赛，这本身就是非凡的壮举，但最终的结果是不甚理想的 1 比 1 平局。

首回合比赛结束后，我在圣西罗等待皇马的到来，心中没有半点畏惧。我意识到我们的实力有多强。而且，我们的身体状态恰好达到顶峰。那一天，乘坐大巴从米兰内洛前往圣西罗的旅程深深印在我的脑海里：车窗外，展现在我眼前的景色，与我当年成长的乡村颇有几分相似，我记忆中缠结的线索逐渐解开。我重温了全部的牺牲、恐惧、训练、期望、喜悦和痛苦，我与队友们齐心协力走到这一步，所经历的个人及团队道路恰恰展现出这些特征，我们满怀信心，坚信能够挺进欧洲冠军杯决赛，AC 米兰暌违这项赛事的决赛已经 20 多年。1989 年 4 月 19 日，我们描绘出杰出的画卷，在方方面面都彻底压倒皇马，无论是技术、战术、身体还是精神。最终，我们以 5 比 0 完胜，自始至终没有停止进攻。那是一场完美的比赛。

那天晚上的出场阵容包括：乔瓦尼·加利、塔索蒂、马尔蒂尼、科隆博（第 64 分钟被菲利波·加利换下）、科斯塔库塔、巴雷西、多纳多尼、里杰卡尔德、范巴斯滕、古利特（第 56 分钟被维尔迪斯换下）、安切洛蒂。未登场替补有：皮纳托、穆西、维维亚尼。主教练：阿里戈·萨基。

在那场比赛中，我完全掌控着自己，体验到一种生发自牺牲精神和革命梦想的奇妙感受。我是被解放的自由中卫。每一次呼吸，每一个眼神，每一次移动都以展现美感为目标。但我们也踢得非常犀利。我甚至记不得我们多少次成功完成造越位。在圣西罗球场 8 万名球迷的热情鼓舞下，我甚至没有感到疲惫。好像我们在一同呼吸，好像我们的身心已经结为一体。我们感觉自己战无不胜。在巴塞罗那举行的决赛，在挤满了红黑军团球迷的球场里，我们以 4 比 0 的比分战胜 1986 年赢得欧洲冠军杯的布加勒斯特星，这样的比分不过是那个非凡夜晚的自然结果而已。

时隔 20 多年，我们再次成为欧洲冠军。作为队长，我第一个举起冠军奖杯。时至今日，很多人仍然在问我那是什么感觉。要理解那种感觉，就得通过平淡的生活去领悟。我自己也是随着时间的推移才逐渐理解了那种感觉。我只有在离开球场，结束职业生涯时，才能充分品味那一时刻。要想更好地欣赏伟大的事物，或许需要一点距离感。

那个夏天，马尔科·西蒙尼、斯特凡诺·博尔戈诺沃、乔瓦尼·斯特罗帕、斯特凡诺·卡罗比以及迭戈·福塞尔加盟球队，达尼埃莱·马萨罗也在被租借给罗马一年后归队。我们不仅在欧洲超级杯击败巴塞罗那，更重要的是，我们还赢得了在东京举行的洲际杯，战胜了来自哥伦比亚的麦德林国民竞技。在优秀教练弗朗西斯科·马图拉纳的带领下，那支南美球队踢出了与我们相似的足球风格。那是我踢过的战术最精彩、最激烈的比赛之一。比分的平衡一直持续到加时赛最后时刻，我们才凭借埃瓦尼的直接任意球破门得分。我们登上了世界之巅！甚至比贝卢斯科尼主席预期的还要早。

接下来的赛季，我们再次取得成功，接连淘汰皇家马德里及拜仁慕尼黑这样的强队，博尔戈诺沃的破门让我们重返欧冠决赛，凭借里杰卡尔德的进球，我们以1比0的比分击败了作风顽强的本菲卡，成功卫冕了欧洲冠军杯。我们也顺利蝉联欧洲超级杯和洲际杯，那一次的洲际杯，我们以3比0的比分战胜了来自巴拉圭的亚松森奥林匹亚。

由萨基执教的那批球员被视为足球历史上的强者天团。直到现在，当了这么长时间的经理之后，我才意识到一支球队的成功背后有多少工作要做。回顾我们获得的那么多座奖杯，我无法忘记所有那些虽不为公众所知晓但做出了重要贡献的人们。

1990—91赛季，我们屈居意甲联赛亚军。赛季结束后，主教练萨基意识到球队已经没有更多上升空间，其创造的伟大时代已经结束。于是，带队度过了4个令人惊叹的赛季后，他决定离开AC米兰，接过意大利国家队的教鞭。

从球员的角度来看，那时我们已经赢得了一切荣誉，虽然深感满意，但仍然渴望进步。俱乐部也确认了自己的雄心，并任命法比奥·卡佩罗接替萨基。卡佩罗曾是我的队友，在1978—79赛季帮助AC米兰拿到队史第10座联赛冠军奖杯，当时他是让球队保持高水准的理想引路人。贝卢斯科尼再次证明了自己的远见卓识，因为卡佩罗从萨基留下的基础出发，找到了一种方法，让我们的防守变得更加稳固。一方面，他让我们在球场上更加自由地展现自己；另一方面，他也赋予了我们更多的责任。他对每场比赛局势的准备都非常具体，使我们在攻防两端都表现得极为高效，特别是，我们学会了如何在危险情况下进行防守，比如在禁区内应对对方的传中：盯人时始终留意对手的一举一动，从而避免因为球而分散注意力。球本身是无法破门的，而采取区域防守时，球员往往会忘记这一点。凭此我们取得了傲人的佳绩。

我们势如破竹，接连取得理想的战果，从1991年5月萨基执教的最后一场比赛开始，直到1993年3月，在联赛赛场连续58场保持不败。此外，从1993年12月到1994年2月底，我们在联赛赛场长达929分钟内没有丢球，再加上真正的现象级门神塞巴斯蒂亚诺·罗西的加入，我们再次保持不败神话。因为这样非凡的延续性以及我们在较长时间内接连取得的成功，卡佩罗的AC米兰以无敌之师的身份被载入史册。在他的带领下，我们赢得了4次意甲冠军、1次欧洲冠军联赛冠军、1次欧洲超级杯冠军以及3次意大利超级杯冠军。

在那个超凡脱俗的时期，球队在数量和质量方面都有所进步，引进多名强援，包括埃拉尼奥、阿尔贝蒂尼、伦蒂尼、博班、萨维切维奇、帕潘、帕努奇、德纳波利、甘巴罗、迪卡尼奥、纳瓦、塞雷纳、布莱恩·劳德鲁普、德塞利、维阿、保罗·富特雷以及罗伯托·巴乔。他们都是我深情铭记、陪伴我很久的队友。但令我感觉最密不可分的自然是后防线——我与塔索蒂、马尔蒂尼、菲利波·加利以及科斯塔库塔组成的后防线，因为我们一起踢球差不多有 10 年之久，在此期间，我们作为球队最高水平的表现，找到了一致的目标，那就是让彼此变得更加出色。

时间已经是 1996 年，无论在意大利，还是在整个欧洲，其他俱乐部也效仿我们，改变了他们的比赛风格。短短几年内，我们从想法和执念出发，掀起了属于自己的足球革命，赢得胜利的同时，也让世界各地的观众兴奋不已。

然而，关于那段成功时期的记忆仍然蒙上了些许阴影，也许是因为我的人生道德观，也许是因为沉默加深了遗憾。我不想为自己辩护，但我相信我们能够从错误中学到很多。这些年来，我经常反思自己在生活中的所作所为。为什么在那种情况下我会有那样的举动？为什么在另一种情况下我会说那样的话？有时候，我对现实的理解会让天平朝这个或者那个方向倾斜。当你习惯了胜利并且攀上过世界之巅，就有可能认为胜利是理所当然的，无法接受失败。更危险的是，忘记对手也在为同样的目标做出牺牲和英勇奋斗，他们因此而值得尊重。如果缺乏尊重，那么任何战绩都毫无价值。

在足球场上，就像在生活中一样，普通球员和冠军球员之间的区别有时就在于隐藏在其错误背后的动机。有技术层面的错误，比如因为错误的动作被对手突破，或者罚丢点球。每名球员都会出现此类的失误，可能是由于注意力不集中，也可能是为了球队的利益或者尝试成功概率不大的踢法，冒了较大的风险。此外，还有一些违背体育道德的错误，此类错误的动机往往矛盾地隐藏在担忧之中：担心失败，担心声誉受损，担心暴露出自身弱点。对于得失，需要保持恰当的平衡心，这是我从犯错的经历中学习到的一种重要品质。

在我的球员生涯中，有些错误让我感到遗憾，有些错误带来的则是懊悔。

1990年1月24日，一个星期三的下午，距离洲际杯击败麦德林国民竞技仅仅过去一个多月，我们将在贝加莫客场对阵亚特兰大，那是意大利杯小组赛阶段的关键战役，胜者将跻身半决赛，每个小组有3支球队。我们所在小组的另一支球队是墨西拿，首战中我们以 6 比 0 击败了他们，而亚特兰大则与他们踢成 0 比 0 平局。因此，一场平局就足以让我们顺利出线，亚特兰大则需要拿下胜利。

对方球员乔治·布雷西亚尼上半场的进球，使我们以 0 比 1 的比分落后。终场前 2 分钟，我们的一名前锋在对方禁区内受伤倒地，亚特兰大已经牢牢地将出线资格掌握在自己手中。当时，亚特兰大球员将球踢到界外，想让我们的伤员接受治疗。然而，我们并没有回报对方极具体育精神的做法，立即利用界外球机会发动进攻，将球传进亚特兰大的禁区。受伤的那位球员已经站起身来，他并没有意识到发生了什么，于是加速朝球冲去，结果被亚特兰大后卫铲倒在地。主裁判鸣哨，判给我们一个点球。

我在球场的另一端，看到亚特兰大的教练团队、首发及替补球员均激烈地抗议着。我不太清楚事情发生的先后顺序，但对我来说这并不重要。判罚点球时，对手总会抗议，此外，我是球队的第一点球手，所以我要尽量不受其他因素的影响。这是扳平比分的绝佳机会，战平对手将使我们晋级下一轮。我不想让这样的机会溜走。于是我直奔对方禁区，把球放在点球点上，看了看亚特兰大门将费伦，助跑几步后以一个低射将球从他的左侧打进球门：比分变成 1 比 1，我们顺利晋级。

比赛结束后，亚特兰大球员的怒火完全释放了出来。那时，我才终于意识到发生了什么事。我们本应把界外球掷还给他们。我们违背了一条不成文的规则。

我后来得知，就在比赛当晚，贝卢斯科尼向意大利足球联赛官方提出请求，要么安排重赛，要么允许 AC 米兰就此退出意大利杯，这样就可以让亚特兰大进入半决赛。然而，意甲官方拒绝了他的请求。因此，我的行为将被载入丑闻史册，只因为我应该将那个本不该存在的点球罚丢。

后来，有人告诉我，如果我故意罚丢那个点球，就违反了体育规则，可能会因此被取消比赛资格。然而，如果不考虑细节，不考虑某些行为的合理性，不考虑一切都发生得太快而且比赛结束时的紧张局面根本无助于澄清一切这两大事实，我的确踢了那个点球。

今天，我愿意相信，如果我当时完全意识到发生了什么，我会故意将它罚丢，不顾及后果。尽管罚进点球意味着我履行了自己的职责，但如果不罚丢，我会被沉重的负担压垮。赛后，亚特兰大主教练埃米利亚诺·蒙多尼科声称："职业化赢了，但足球本身失去了胜利的机会。"

接下来的 1990—91 赛季，我们再次角逐欧洲冠军杯，此前两个赛季我们均在该赛事中问鼎。作为冠军，我们直接进入 16 强。在八分之一决赛，我们凭借安杰洛·卡尔博内打进的客场进球，淘汰了比利时老牌劲旅布鲁日。在四分之一决赛，我们面对由伯纳德·塔皮担任主席的马赛。这支法国球队的每个位置都极具实力和稳定性，他们在前一个赛季跻身半决赛。

首回合，两队在米兰踢成 1 比 1；次回合，我们将造访马赛的韦洛德罗姆球场。作为上届冠军，我们不能丢掉信心，但潜在的担忧确实困扰着每个人。事实证明，那场比赛我们踢得非常艰苦，因为法国球队更加出色的身体状态以及侵略性制约了我们的发挥，阻碍了我们的创造力，使我们无法以想要的方式踢球。第 75 分钟，马赛首先破门，以 1 比 0 的比分取得领先，对我们而言这是个沉重的打击。他们掌控着比赛的节奏，我们已经感觉到晋级的机会正慢慢溜走。当比赛仅剩 3 分钟，照亮韦洛德罗姆球场的 4 盏泛光灯突然有 1 盏熄灭了。主裁判博·卡尔松暂停了比赛，等待照明设备修复后继续比赛。

此时，我们俱乐部的管理层介入，命令我们离开赛场。我们依令而行，在通往更衣室的通道入口处等待，不知道接下来会发生什么。这似乎是命运的预兆，与两年前在贝尔格莱德发生的事情颇为相像：期待浓雾降临于3月的马赛显然并不现实，因此泛光灯故障也是不错的托词。次日重赛的可能性只不过是种假设，我们却愚蠢地坚持这个想法。大约10分钟后，泛光灯恢复到一半的照明强度，有了足够的光线，因此比赛恢复。我看到博·卡尔松穿过场地，把球送到我们的禁区，因为比赛中断之前，马赛刚刚有一次射空。我得到的指令是不要回到球场，于是只能和队友们继续留在通道入口。出于某种原因，我们不接受球场的现状。我们也还没有准备好离开欧洲冠军杯赛场，毕竟，此前两年我们都是这项赛事的主角。主裁判鸣哨宣布比赛恢复。这一切似乎都是超现实的。我不想逃避责任，我从来没有逃避过，但我只是站着不动，看着眼前发生的一切，仿佛它跟我没有任何关系，仿佛我只是一场闹剧的观众。我想回到赛场，毕竟我知道我应该那样做，但我还是选择服从，并且相信我有权利不完成比赛。主裁判被迫吹响了终场哨，我们回到了更衣室。我和队友们面面相觑。我们不愿相信所发生的一切。我们真的为了避免输球而选择了罢赛？

这不重要了，就像球员必须按指令行事也不重要了一样。作为欧洲冠军球队的队长，我应该承担罢赛责任，带领队友们回到球场，向马赛队致敬。但我没有那样做。我头脑不够冷静，没能理解这样做的重要性，可能是我勇气不足，没能反对一个无法接受的决定。我宁可期盼比赛推迟。因此，我对我们的对手、主裁判以及两队球迷都缺乏尊重。

我们没有任何借口，欧足联不仅宣布我们以0比3的比分落败，而且禁止我们在接下来的一年内参加所有欧洲赛事。

我不知道自己是否能够通过这些事件吸取教训。我希望我留给后来者的不仅仅是展架上的奖杯，还有场上场下努力树立的榜样。一些曾发生过的事情依然压抑着我的灵魂，就好像刚刚发生一样。

帕萨迪纳，1994年7月17日

　　心灵的疲惫往往是最糟糕的，因为这种疲惫会导致伤病的出现，我遇到的情况就与此类似。

　　但伤病让我有机会休息，因此，尽管我的身体还没有为决赛做好准备，但我可以通过头脑控制身体表现，我今天踢了一场近乎完美的比赛，或许这就是原因。

　　但我尚未意识到这一点。因为比赛还没结束。

　　我不记得自己上次罚点球是什么时候了。

　　我习惯了顶着压力踢球，但我实在过于激动，点球之前助跑的时候，我发现自己居然在思考。最终，头脑对身体下达了莫名其妙的指令，身体过于疲惫，无法像小时候、像梦想踏上世界杯赛场时那样，自然地做出反应。

　　我打算放手去踢，让自己从恐惧中摆脱出来。

凡事有始必有终。

在我的球员生涯中，我曾两次给予自己特权，决定何时该结束一段历程。但第一次考虑退出国家队的时候，我似乎过早地做出了决定。

没能获得 1992 年欧冠决赛圈资格之后，我决定退出国家队。当时我已 32 岁，担心自己精力不够，没法同时在 AC 米兰和意大利国家队发挥出最佳状态。另外，我想为年轻球员让位，以便国家队能够开启全新时代，备战 1994 年美国世界杯。然而，作为球队的一员，理想的退出时间不仅仅取决于你自己。因此，当世界杯预选赛首战，意大利在卡利亚里仅以 2 比 2 的比分战平瑞士，意大利足协尝试劝我改变主意。他们希望我以蓝衣军团队长的身份回归。萨基给我打电话，足协主席安东尼奥·马塔雷塞甚至在来我家之前准备了一束花给毛拉，又与 AC 米兰首席执行官加利亚尼一道前来造访。传递出的消息很明确：AC 米兰不反对我重返国家队。

重新审视这个决定需要勇气。我可能因此失去一切，尤其是经历了那么多年的成功后，媒体正等着我走上失败的道路。然而，对我而言，代表国家队出场是种荣耀，我觉得自己无法拒绝。1992 年 11 月中旬，在苏格兰第一大城市格拉斯哥，我再次穿上意大利队球衣。冷雨纷扬，场地泥泞，苏格兰队组织得当，极富野心。不输球是球队重获信心的关键。我们的防守依然强悍，我带领球队以 0 比 0 的比分战平对手，取得了一场宝贵的平局。

预选赛剩余的几场比赛，我们均踢得游刃有余，最后一场比赛安排在圣西罗球场，我们甚至凭借迪诺·巴乔的进球，以 1 比 0 的比分击败了出线的主要竞争对手葡萄牙。这是我第三次取得进入世界杯决赛圈的资格，我感觉这一次自己与球队的联系最为紧密。因为这是我退出后的回归，因为我身为队长，因为出征美国的队伍里将会有多位来自红黑军团的球员，包括马尔蒂尼、科斯塔库塔、塔索蒂、马萨罗、阿尔贝蒂尼以及多纳多尼，埃瓦尼和穆西此前也曾为 AC 米兰效力。

备战世界杯对我和球队来说都有些艰难。我当时已经 34 岁，而且 1993—94 赛季踢得尤其紧张激烈。我们赢得了欧洲联赛和欧洲冠军联赛的冠军，我几乎得不到片刻休息。由于我和科斯塔库塔都被禁赛，无法代表 AC 米兰参加在雅典对阵巴塞罗那的欧冠决赛，因此，在那之前，我就已经开始为国家队备战世界杯。尽管如此，萨基还是允许我们前往雅典，亲眼见证了米兰 4 比 0 巴塞罗那的辉煌胜利。参加完颁奖典礼，为球队取得的佳绩祝贺并拥抱队友们之后，第二天我们就已经置身罗马涅的斯波尔蒂利亚多功能体育中心（Sportilia）。天气很热，我也疲惫不堪。从第一次训练开始，我就感觉自己的状态不太好。因为我无法从赛季过度疲劳的状态中恢复过来，也因为我必须参加的体能训练强度极高。

前几场友谊赛并没有显露出任何令人鼓舞的迹象。我们甚至输给了意大利丙二级联赛球队蓬泰代拉。我们自己很担心，媒体也持怀疑态度。我们在启程前往美国之际，甚至不被任何人看好。

我们在新泽西州的小镇沃伦安顿下来，这里距离曼哈顿只有 1 小时路程。我们的酒店与森林毗邻，坐公交车几分钟就能抵达平格里高中的训练场。这家酒店虽不奢华，但环境很舒适，队员们住的都是相邻房。我的室友是尼古拉·贝尔蒂，我们曾经多次在米兰德比中交锋，也曾一同参加过上届世界杯。我们共同经历了 1990 年意大利世界杯的魔力之夜，在主场出战世界杯，无疑是美妙的经历。我们享受着乐趣和惊奇，感受到整个国家的支持。布满三色旗的罗马奥林匹克球场，至今仍留给我难以磨灭的回忆。我们的球队非常团结，球风魅力十足，拥有许多现在和未来的队长，比如贝尔戈米，他不但是国际米兰的队长，而且是国家队的队长，还有贾尼尼、塔科尼、曾加、马尔蒂尼、维亚利、费拉拉、曼奇尼以及罗伯托·巴乔，更不用说拥有超强爆发力的托托·斯基拉奇，他在那届世界杯打进6球，成为最佳射手。可惜的是，我们在半决赛输给马拉多纳领衔的阿根廷队，或许我们只要踢得再凶狠一点，或者有几分运气襄助，就能进入决赛。加时赛结束后，比分是1比1，双方进入点球大战。我和主教练维奇尼关系很好，他问我是否愿意主罚点球。于是我第一个出场主罚，并且顺利破门。但这并不足以让我们晋级。我们只能参加季军争夺战，最终以2比1的比分击败英格兰队。我以为1990年的意大利世界杯将是我最后一次为国家队贡献力量。

现在，在美国，我有机会完成4年前未能实现的愿望。然而，我又一次不在最佳状态，闷热的天气使我更加虚弱。萨基的足球风格对身体的要求也很高，如果没有绝佳的竞技状态，就很难执行他的战术理念。我们对前两场比赛可能遭遇的困难感到担忧，因为除了要面对球员身体素质更为强大的球队，炎热的天气也可能会导致我们无法实施逼抢并保持高速移动，而这两点恰恰是萨基策略的基本特征。如果我们的跑动没比对手多，我们会连所拥有的技术优势都丢掉。

世界杯首战，我们对阵爱尔兰队，在那场比赛中就发生了那样的情况。我们抵达体育场时，天气酷热难耐。场地很硬，给跑动带来了极大的困难。我们无法展现出自己的足球风格。第 11 分钟，雷·霍顿在我的一次头球解围后得球，将球调整到左脚，在禁区外利用精彩的远射破门。他们最终以 1 比 0 的比分获胜。媒体的严厉批评铺天盖地袭来，尤其是针对解围导致爱尔兰进球的我。他们的批评并非完全没有道理。

出战世界杯第二场比赛时，我们已经无路可退。时间是 1994 年 6 月 24 日，天气湿热。我们在巨人体育场对阵挪威队。气氛非常紧张。我们在这场比赛的开局阶段踢得不错，创造了很好的破门时机，但没能将它们转化成进球。然后，在第 21 分钟，我方的门将詹卢卡·帕柳卡为避免对方进球，被迫在禁区外实施手球扑救。他因此被罚出场，我们只剩下10人作战。萨基用卢卡·马切吉亚尼换下罗伯托·巴乔，当然，巴乔对那次换人并不满意。

中场休息时，我们几乎都筋疲力尽，大家在更衣室里沉默不语，努力想要恢复体力。冰袋在所有球员手中传递着，我在脖子后面多放了一个。萨基的讲话给了我们信心，让我们能够坚持下去。

下半场的第4分钟，我在本方禁区附近滑铲，抢在对方球员之前赢得球权，但随之感到剧烈的疼痛袭来。我站起来，试着正常走动，却做不到。我试着弯曲膝盖，感觉膝盖像被锁住了。我来到场外，瘫倒在地。我接受了队医的检查，情况似乎很严重。我无法坚持比赛，于是要求换人。他们把我抬到了替补席，由阿波洛尼取代我的位置，和科斯塔库塔搭档中卫。

膝盖很疼，但与破碎的梦想相比，身体的疼痛根本算不了什么。在内心深处，我不禁想，我应该预料到这次受伤。毕竟，我长期处在极度疲劳的状态。物也好，人也罢，都无法超越自己的极限。在最糟糕的时刻，我领悟到了这一点，就在我参与的最后一届世界杯，而且是唯一作为队长参赛的一届。1982 年的西班牙世界杯，我只是作为观众，从未出场比赛。1990 年的意大利世界杯，我距离成功很近，但仍然只留下强烈的遗憾。这是我最后的机会。我感觉整个世界在崩塌。我坐在替补席上，仍然努力关注着比赛。这场比赛我们必须取胜。

我的队友抵挡住了挪威队的进攻，对方的人数优势也没能让他们进球。比赛大约还剩 20 分钟时，我们得到一个任意球。贝佩·西格诺里传中，将球送到禁区中央，迪诺·巴乔跃起的时间恰到好处，他头槌破门，我们以 1 比 0 的比分取得领先，并且一直将那一比分守到终场。一场不可思议的胜利，长达一个多小时的时间里仅靠 10 人作战。这带来了希望：我们仍然有力量反击，我们仍在逐梦。

但我必须面对受伤的残酷现实。迪诺的进球让我情绪高涨，却不能治好我的膝盖。赛后我被立即送往医院，由队医安德烈亚·费雷蒂陪同。有他在身边，我很放心，他和蔼可亲，而且专业能力过硬，能够让我从容面对伤病。诊断结果异常残酷：我的右膝内侧半月板撕裂。也就是说，我的世界杯之旅结束了。我眼睁睁看着自己毕生的梦想破灭，那个梦想是我还在农舍生活时就萌生的，当时我还是个孩子，在电视机前守着看 1970 年世界杯的比赛。

但现在不是流泪的时候。即使是最糟糕的时刻，我也从不流泪。我不希望自己绝望的情绪带给别人负担。我必须表现出强悍的一面。这时，必须决定手术的时间和地点。费雷蒂咨询了 AC 米兰的队医鲁道夫·塔瓦纳。他们，包括贝卢斯科尼主席以及加利亚尼，都同意尽快在美国为我做手术，从而缩短恢复时间，为 AC 米兰下一赛季的比赛做好准备。我只希望疼痛赶紧消失，至少是身体上的疼痛。

第二天上午，我在一家美国诊所接受了关节镜手术。塔瓦纳甚至当晚就从米兰赶来，在那里待了 3 天，以支援意大利队的队医们。他让我放心，因为有足够的恢复时间——在新赛季之前伤愈并恢复状态应该不存在任何问题，这样的想法让我振作起来。我的世界杯征战之旅虽然结束了，但至少伤情不会影响到此后的比赛。

遇到这种情况，受伤的球员通常会立即回国，以尽可能好的状态开始康复之旅。我却没有这么做，在我刚从医院归队时，萨基就到我的房间来看我。为了表达感激之情，他告诉我，如果我想继续留在国家队，他会很开心。他还说，球队将尽最大努力争取走得最远，因为那样的话，我或许还有机会上场——在今天看来，他的话颇有几分预言色彩。毕竟，我还是队长，还有一届世界杯等着我去完成。我决定和队友们一起留在美国，尽我所能提供帮助。

与此同时，得知我不会返回意大利后，毛拉决定和我的儿子爱德华多、我的岳父以及几个朋友一起来纽约陪我——他们是我真正的后援团。见到他们会使我的心备感温暖，也让康复过程不再那么艰难。

和队友们返回新泽西后，我在每次球队训练结束后，便开始自己的康复历程，以让膝盖逐渐恢复。经常陪伴我的是领队路易吉·里瓦，当年我观看1970年世界杯时，他就是意大利队中我很崇拜的球员。后来，我发现他的确与众不同，拥有非凡的价值观以及极强的同情心，总是准备好去支持那些需要帮助的人。

几天后，我开始进行真正的康复治疗，以免失去肌肉张力。我接受了电刺激疗法，在此基础上，按摩师们还为我受伤的腿增加了伸展训练以实现等长收缩。在这个过程中我没感到疼痛，这说明手术很成功，既没有肿胀的情况，似乎也没有产生任何后遗症。费雷蒂和塔瓦纳并没有给我制定康复时间表，主要是因为经过关节镜治疗膝关节伤病后，球员通常在大约 3 周后可以恢复跑步训练，至少 1 个月后才能登场比赛，恢复成能够比赛的时间也可能更久。手术后第 23 天，世界杯就将结束，因此在世界杯期间复出并不在我们的计划之内。

6 月 28 日，我们将在小组赛第三场对阵墨西哥队。如果输球，我们就可能出局。这场比赛被安排在华盛顿的肯尼迪纪念体育场举行。由于腿伤，我无法随队出征，所以我与即将动身的队友们道别，前往纽约的米开朗琪罗酒店，与家人团聚，其他球员的家人也住在那里。

我在房间里通过电视观看了比赛。墨西哥队的积分和净胜球都和我们持平，但他们的进球数更多，因此在积分榜上领先于我们。一场平局或许就足以让我们晋级淘汰赛，因为在全部 6 个小组每组排名第 3 的球队中，按成绩排布能有 4 支出线。只要拿到 4 分，我们就有很大的机会晋级。

比赛在 12 点 30 分开始。我非常紧张。毛拉没有陪我看比赛，她在隔壁房间和小爱德玩耍。上半场比赛踢得不温不火，两队都不愿冒险。中场休息时，萨基换上马萨罗，这是个明智的决定，因为仅仅过了 3 分钟，达尼埃莱就破门得分，让我们取得领先。然而，15 分钟后，墨西哥扳平了比分，变成 1 比 1。比赛剩余的时间，双方都力图保持住这一比分，并且如愿以偿。多亏俄罗斯队战胜喀麦隆队，我们获得了出线资格。我的希望还在延续。

看完比赛，我加入毛拉的行列，和爱德华多一起玩，他当时只有 3 岁，不太懂事。然而，他的到来使我的心充满快乐。几年后，随着我的次子詹南德雷亚的到来，我们的家庭继续壮大。现在，他们都已长大成人，但对我来说，他们永远是我的孩子。我的两个儿子之中，爱德华多更加内向，性格敏感，总是关心和保护着更为外向的詹南德雷亚。我写这些话的时候，爱德华多刚刚获得经济学学士学位；而詹南德雷亚则对艺术充满热情。我是个骄傲的父亲。我可以没完没了地谈论自己的孩子，但这样做不对，因为总有一天，他们会表达自己的意见。在我心里，重要的就是他们活得快乐、幸福。

我和球队一同回到训练营。我们成为晋级 16 强的最后一支球队，这并不是什么激动人心的成就。媒体再一次毫不留情地批评了我们，但我们并不在意，完全将注意力放在下一个对手尼日利亚队身上，因为这支球队的表现令人惊讶。他们可能存在着一些战术及组织方面的弱点，但球员们个个身强体壮，技术方面也有长足进步。自喀麦隆队在 1990 年意大利世界杯取得佳绩之后，非洲足球的发展已经不容小觑。

一周后，我们将转战波士顿。队员们总算有足够的时间休息和恢复精力。在我的房间里，贝尔蒂向我介绍了球队在华盛顿训练及比赛的情况。我们经常聊天，他总是对我很亲切，尽管我们曾经在球场上正面交锋，而且我很喜欢在米兰德比的意志对决中激怒他。而现在，我意识到他想让我振作起来。

我继续着自己的康复计划，开始进行一些新的练习，陪伴我左右的是卡洛·安切洛蒂，他当时是萨基的助理教练。一切似乎进展顺利。至于其他时间，我都和队友们待在一起：聊天，打台球，互相支持。我们是个团结的集体，为实现目标竭尽所能，不畏艰难，足球已经融入了我们的血液。我们经验丰富，积极的战果不会使我们兴奋过头，起初遇到的难题也不会让我们过于气馁。我观察了他们的训练，眼见他们那样努力，更激励我全力投入康复计划中去。我从未想过能够在世界杯期间复出。我没有时间产生乐观或者悲观的情绪。我和其他队友一样日复一日地向前迈进，因为每一场比赛都可能是最后一场。

意大利队与尼日利亚队的比赛被安排在 7 月 6 日下午 1 点进行，地点是福克斯伯勒的吉列体育场，这里平时是美式橄榄球豪门新英格兰爱国者队的主场。输球的一方将打道回府。天气酷热难耐。尼日利亚球员的身体确实更加强壮，但他们比我们少休息两天。因为我在比赛大名单里，这样一来，我就可以和其他人一起坐在替补席上。体育场座无虚席，就像在纽约一样，大多数球迷为我们加油，因为美国这个地区的意大利社区多如牛毛。

比赛的开始阶段，尼日利亚球员似乎根本没有受到高温的影响。他们开局强势，并在第 25 分钟有所斩获，一次角球之后，我们的失误送给阿穆尼克一次轻松破门的机会，他在离马切吉亚尼几步之遥的地方取得进球。这让教练席上的萨基非常恼火，紧张和担忧的情绪困扰着我们。我们似乎无法突破这些非洲球员铜墙铁壁般的防守，每一次进攻尝试都会被他们利用身形优势化解。比赛结束前 15 分钟，形势进一步恶化，詹弗兰科·佐拉换下西格诺里仅仅 10 分钟后，就因为一次不公正的判罚吃到红牌。落后 1 球，还少 1 人，我们疲惫不堪，出局似乎就在眼前。这是前 4

场比赛里我们第二次面对 10 人作战且落后 1 球的情况。但我看到队友们没有丧失希望，我们的坚持得到了回报。

比赛还剩两分钟时，穆西又一次从边路切入，接球突入禁区，赢下与尼日利亚球员的一对一对抗，给罗伯托·巴乔送出完美的助攻，巴乔将球射进球门右下角。1 比 1！替补席欢声雷动。我们还有希望！不过我们仍感到比赛漫长而艰难：我们在人数上处于劣势，而且尼日利亚球员似乎更能适应当地的高温。但我们利用自己的经验以及长期出战高水平比赛的习惯与之周旋。双方进入加时赛。萨基手中还有一个替补名额，但他没有使用。我猜他是不想打破平衡，或许正是这种平衡让我们稳定住了局面。我们此刻的想法就是降低风险。考虑到人数上的劣势，点球大战似乎是个不错的折中方案，但加时赛上半场行将结束时，一名尼日利亚队后卫在禁区内笨拙地对贝纳里沃实施犯规。裁判鸣哨，判给我们点球。

罗伯托·巴乔自信满满，大踏步走向点球点。经过短距离助跑，他骗过尼日利亚队队长鲁法伊，将球罚进。我们戏剧性地扭转了局势。在加时赛剩下的时间里，我们要做的就是全力守住领先优势。我们是防守方面的专家，尼日利亚队根本无法击垮我们的防线。最终比分是 2 比 1。我们最终挺进了四分之一决赛！尽管媒体口诛笔伐，天气令人窒息，又因为不公正的判罚仅剩 10 人作战，但我们始终没有放弃。无论发生什么情况，我们都以一个团结的整体决心继续前进。面对逆境，我们的队伍只会更加巩固。

赛后我们飞回新泽西。对阵西班牙队之前，还有 4 天的休息时间，西班牙队此前以 3 比 0 的比分淘汰了瑞士队。经过在与尼日利亚的对决中取胜，我们精神高涨。差点被淘汰出局却逆转翻盘的经历让我觉得事情终于开始朝着正确的方向发展了，我继续自己的物理治疗时也充满热情。

比赛结束后，我通常会休息一天，去纽约陪伴家人，纽约是座不可思议的城市，让我深深为之着迷。我试着让自己从不能出场的痛苦中解脱出来。一天下午，我跟毛拉和小爱德一起去 FAO 施瓦兹玩具店，这是第五大道上一家历史悠久的玩具店，也是我去过的最漂亮的一家。儿子异常开心，也让我充满活力。

那时候，我没想到自己两年后还会作为足球运动的代表，再次回到纽约，只不过身份不再是球员，而是 1996 年亚特兰大奥运会的火炬手。我经历了一次非同一般的航程，乘坐协和式飞机突破音障，从巴黎飞到纽约。我在曼哈顿的街道上跑了1千米，手举奥运火炬，在沿途人群的掌声中骄傲奔跑。

接下来对阵西班牙队的比赛再次被安排在波士顿。这次的对手是一支实力强劲的球队，拥有技术出众、经验丰富的球员，其中多位来自巴塞罗那俱乐部。不过我并不担心：一方面，我们刚刚在雅典的欧冠决赛中击败他们；另一方面，勇敢地直面恐惧之后，我们变得更加自信，充分意识到自己的实力。因为电视转播的需要，比赛再一次安排在中午进行，但我们总算不用再面对一支身体素质占优的球队，因此天气条件不会给任何一方带来帮助。

我们在开局阶段踢得不错，创造了几次得分良机。上半场第25分钟时，多纳多尼在左路甩开对方后卫，将球传给迪诺·巴乔，后者控制住球，尝试远距离射门，攻入了一个令人惊叹的进球，这是他在那届杯赛的第二个进球。他踢得像一名真正的球星，在数量和质量两方面都给予球队帮助。我们在那届世界杯的比赛中首次领先优势进入下半场。我的队友们专心致志，精力充沛。比赛正在按计划进行。

进入下半场之后，西班牙踢得更加咄咄逼人。由于他们施加的压力，我们很难攻入对方半场。第 58 分钟，卡米内罗在禁区内左脚射门，骗过了我们的守门员帕柳卡，将比分扳平。我们只能从头再来。

我们在那届世界杯经历过更为糟糕的情况，被扳平比分自然不会让我们惊慌失措。

尽管我们表现得更出色，但双方仍然打成了平局。加时赛似乎不可避免。当比赛还剩两分钟的时候，西班牙队整体前压，贝尔蒂和西格诺里策动快速反击，给了罗伯托单挑苏比萨雷塔的机会。只见罗伯托带球过掉西班牙队门将，小角度射门得手，为我们锁定胜局。又是一场 2 比 1。比赛结束时，我们开心极了 —— 我们成功跻身前四！半决赛的对手是保加利亚队，他们在第二天出人意料地淘汰了想要卫冕的德国队。

备战半决赛的那几天，我逐渐开始尝试慢跑，并恢复有球训练。在安切洛蒂的陪伴下，我开始在场内进行一些轻量训练。我的膝盖反应良好，没有出现肿胀。医生对我的恢复情况很满意，当时还没有人认为我能在世界杯期间复出。但我每天都在为此而努力，恢复的速度比预期的要快，这让我备受鼓舞。

我们重返纽约巨人体育场，出战半决赛。保加利亚队是本届世界杯的黑马，该队的黄金一代由巴塞罗那球星赫里斯托·斯托伊奇科夫领衔，他在那一年底赢得了金球奖。比赛终于被安排在合理的时间——下午4点开球。

比赛刚开始，我们就展现出极高的强度水平，对保加利亚队发动猛攻。罗伯托·巴乔状态极佳。我亲眼见证了他为赢得每一次球权拼尽全力。我们踢出了最棒的比赛。上半场中段，罗伯托4分钟内连进两球。在他打进第二球之前，阿尔贝蒂尼在禁区外的远射还曾击中门柱。我们配得上2比0的领先优势。然而，上半场最后时刻，保加利亚队凭借斯托伊奇科夫的点球缩小了差距。我们以2比1的比分领先结束上半场，对取胜充满信心。

下半场重新回到赛场时，我们决心保住胜利，结果也确实如此，尽管在比赛结束前几分钟，我们一度遭遇险情，但主裁判拒绝判给保加利亚队点球。又一个2比1。最终我们进入决赛，对手是巴西队。考虑到球队这段时间以来经历的所有挫折，这的确是令人难以置信的战绩，我们的团队在困境中奋起，在国民面前展现出伟大的品格以及责任感。比赛结束后，我进入场地祝贺队友们。我看到了科斯塔库塔。他在世界杯上的表现极其出色，我正打算送上赞美之词，却发现他一脸悲伤。因为吃到黄牌，他将遭遇停赛，无法在决赛中登场，就像此前无法代表 AC 米兰出战雅典的欧冠决赛一样。几个月内两次因为黄牌错过决赛，我能够想象到他的失望，即使在这种情况下找不到合适的语言，我也想要安慰他。

时隔 12 年，我再次随队挺进世界杯决赛，也将再次在场边观看比赛。我不禁想到命运的魔爪何其残酷。我很可能会坐在替补席上，为队友们加油鼓劲。我开始相信，是命运让我休息，从伤病中恢复，因为我糟糕的身体状况可能会影响到球队的成绩。与此同时，我也不可避免地想到自己将再次与国家队作别，从此真正地退出国家队。这是最后一场比赛，不会再有下一场了。我在蓝衣军团的历程即将结束。退出国家队并不是容易做出的决定，关键是要选择合适的时机，不留遗憾，但也不能成为球队的负担。决定退出的时间很难，因为存在着这样的风险，那就是你认为自己仍然有用，但答案其实是否定的。

美国世界杯结束后 3 年，我发现自己面临着同样的抉择，这次不是决定退出国家队，而是决定结束我的球员生涯。随 AC 米兰赢得 1995—96 赛季联赛冠军后，我感觉自己依然年轻。然而，随着年龄的增长，一个紧张、激烈的赛季过去之后，我的身体状况逐渐变得糟糕，没过多久，我就不得不接受现实。接下来的 1996—97 赛季，跟腱伤势让我无法正常参与训练，努力恢复已让我错过了几场比赛。养伤的几个星期，我在痛苦中度过，复出时感觉自己的状态仍未恢复到最佳。最终，我试着坦诚地面对现实：最好就此退役，把位置留给年轻人。作为队长，我不想成为任何人的负担。我为此与俱乐部进行了沟通，俱乐部给了我冷静做出决定的自由。职业生涯以来，我赢得了能够赢得的所有荣誉，没有任何遗憾。从首秀算起，我的职业生涯已经长达 20 年，我一直穿着同样颜色的球衣 —— 我的 6 号战袍。我对此感到荣幸。1997 年 6 月 1 日，37 岁的我踢了职业球员生涯的最后一场比赛。

不久，俱乐部询问我是否同意组织一场告别赛。我本想拒绝，因为我并不记得见过别的球员退役时举办告别赛。他们成功说服了我，在米兰营销团队的领导下，罗伯托·巴乔的经纪人维托里奥·佩特罗内也予以重要支持，一次令人难以置信的组织工作就此开始。他们都以极大的热情投入其中。

与此同时，那年夏天，球队在阿萨戈广场举行了新赛季亮相仪式，贝卢斯科尼决定让我的球衣退役，这在意大利足坛是前所未有的。这意味着，再也不会有球员穿上 AC 米兰的 6 号球衣了。我的球衣升向天空，场面颇为壮观。然后，我将队长袖标交给保罗·马尔蒂尼。

1997 年 10 月 28 日，是我告别足球的日子。组织者请来了我的前队友以及来自世界各地的对手参加，地点自然是圣西罗球场。庆祝活动让我无比难忘，甚至体验到一种以前从未体验过的情感。除了几个忙于国家队备赛的朋友，大家为了我齐聚圣西罗。

球场座无虚席，在我心中这是一场独一无二的庆祝活动。告别赛开始之前，贝卢斯科尼主席给了我一个惊喜，他送我一座纪念性的金球奖，那是我的收藏中唯一缺少的奖杯。我一直踢到第 85 分钟，在没有被替换的情况下离开场内，比赛就此结束。伴随着弗兰克·辛纳屈的《我的路》的旋律，我绕场一圈。没有比这首歌更合适的歌了。我拥抱并感谢了每一个人。

回到 1994 年，在美国，我从未想到自己几年后会享受这样的告别派对。距离与巴西队的决赛只剩下几天时间了，但在我的脑海里，离国家队生涯的结束似乎还很遥远。科斯塔库塔遭遇停赛，我的膝盖在训练中也没有不良反应。我不知道萨基是否考虑过起用我上场。我们没有谈论过这个问题。

在安切洛蒂的陪伴下，我开始了针对性训练，他暗示我可能会有机会登场。我自知无法要求更多，只能不断提升训练强度，看受伤的膝盖是否能够承受。我奔跑、拉伸、尝试加速变向，甚至是快速冲刺。我的膝盖顶住了压力，尽管我一直没有跟全队合练。萨基很了解我，他清楚我的能力，也知道我不需要和队友一起进行战术演练。阻碍我的只是身体上的问题。他知道如果他让我登场，我会全力以赴。训练时我只参加了小规模队内赛。

决赛逐渐临近。梦想开始与现实融为一体。我能感觉到大家都在关注着我。每个人都想知道我能否出场。

就连罗伯托·巴乔能否登场也存在疑问。肌肉伤痛问题可能会让他错过决赛。我看到他极其细致地做好每一个细节，决心不错过这次机会。我希望他能够如愿康复。凭借连续的进球，他把我们带进了决赛，他的存在将让巴西队格外担忧。

现在，距离决赛只剩一天时间了。全队飞往加利福尼亚，因为比赛被安排在帕萨迪纳举行。我目前感觉状态尚可。萨基终于和我谈了登场的可能性。我能想象疑虑在折磨着他，但他告诉我，最后的主意由我来定。

意想不到的局面展现在我眼前。我竟然能够这么快从半月板受伤中恢复，在临床上还没有先例。而且等待我的还是世界杯决赛。可转念一想，我如果登场比赛，可能因此失去一切。我一直是球队的领袖，这支球队能够给足球运动带来变革。如果我的膝盖再次受伤，如果我犯下致命错误，如果我迫使萨基提前换人，我将被钉在十字架上，被视为自私自利的球员 —— 因为渴望在决赛出场，而损害了自己球队的利益。

从某种程度上来讲，我觉得自己有能力领导队友们。我愿意承担风险，以回报他们跻身决赛过程中所付出的努力。我生命中所经历的一切都是为了这一刻。这是个合情合理的决定。我准备好了。

7月17日，也就是决赛日，终于到来了。早上，罗伯托和我在酒店大厅热身，做动作时都格外留神。我们对自己的身体状况感到放心，做好了登场比赛的最后准备。在球队的技术会议上，教练组确认我们将会位列首发阵容。我们前往玫瑰碗体育场，那是一座能容纳近10万名观众的场馆。

我们的对手不再是典型的巴西队，因为以前的巴西队以技术和创造力为基础，而这支球队具有欧洲式的稳定性。这要归功于像毛罗·席尔瓦、马津霍、阿尔代尔、布兰科以及邓加这样经验丰富的球员，他们个个都具备极强的实力。这支球队将创造性和实效性完美地结合起来。至于锋线，他们拥有那届世界杯最强的组合，罗马里奥和贝贝托——速度快，技术高超，能够在看似毫无可能的情况下创造进球机会，而且多年来习惯了面对欧洲式的防守——他俩都在西甲踢球：罗马里奥效力于巴塞罗那，世界杯之前的赛季打进30球；贝贝托则效力于拉科鲁尼亚，此前的赛季有16球进账。

依然是为了电视转播的需要，我们将在12点30分开赛。考虑到我难以预估的竞技状态，天气状况对我来说尤其具有挑战性。但这是决赛，不容许有任何借口。我如果

146

不去着眼于全局，现在很可能就不会出现在赛场上，就不会在更衣室戴上队长袖标。当我穿上 6 号战袍，就不担心受伤，也不担心疼痛，更不担心可能给职业生涯造成的后果。唯一担心的是不能像我期待的那样引领队友。我只想着需要做些什么，能够给予球队支持。

比赛开始了。我不知道身体会有怎样的反应，因此有点紧张。转折点出现在第一次铲球的时候：我的膝盖没有受伤，于是我不再担心自己的身体，头脑接过了控制权。我毫不退缩，争夺着每一次球权，不断滑铲、预判，不给贝贝托和罗马里奥任何进攻空间。我把自己对足球比赛全部的理解都发挥了出来。对我而言，这变成了一场以精神掌控的比赛。

我在身体状态极不稳定的情况下，发挥出了职业生涯最佳水准，这样的强韧有极深的根源：童年时代家人齐心协力战胜挫折的影响，过早失去双亲的经历，对所有支持我的人心存感激，还有身为队长的责任感。

许多年后，当我前往墨西哥时，贝贝托打趣地告诉我，当年罗马里奥在中场休息时感到多么惊讶：在更衣室里他抱怨道，我尽管带伤出战，但仍然能够一直阻挡他。时至今日，我依旧惊讶于自己能在那样的条件下登场比赛。但那就是我选择的生活，是我从小就准备迎接的命运。

那场比赛主要是战术方面的较量。我们都踢得非常谨慎，双方很少创造出破门良机，尽管巴西队球员似乎比我们更多地尝试进攻。他们持续的攻势迫使我消耗了大量的精力，以至我突然出现抽筋的情况。我痛苦得在地上打滚，队友和国家队的队医们都冲过来帮助我。当时，队医用一辆类似高尔夫球车的电动车将我运到场外。我一直待在场边，直到肌肉放松下来，又重新投入战斗。和任何一场世界杯决赛一样，这场比赛踢得异常艰难。

每个错误都可能是决定性的。巴西队在进攻中投入了更多球员，所以我们更加专注于防守。我感觉结果随时都可能改变，但这种情况并未发生。双方仍然没能打破僵局。常规赛时，双方以 0 比 0 的比分结束，加时赛阶段，比分也没有改写，两队同样都尽量不去冒险。最终，双方只好进入点球大战。

我精疲力竭，很多队友也一样。但我是队长，所以我决定第一个主罚点球。从技术层面来讲，罚点球是一项基本技能，但这只是从理论上分析的结论，运气也起着一定的作用。我和点球点之间的距离似乎无比漫长，球门看起来极其微小。我思考要将球射向哪里，最终选择了左侧。但在开始助跑时，我用余光瞥见塔法雷尔朝左侧稍稍移动了一下，结果犯下了最严重的错误：我改变了主意，把球踢过了横梁。

我跪倒在罚球点上，双手捂脸。周围的世界似乎完全崩塌。塔法雷尔上前安慰我。我不能陷入绝望，因为这不过是第一个点球。我们还有机会翻转局面，毕竟在这届世界杯，我们已经不止一次地扭转局面。我有点茫然地走回球场中央，和队友们站在一起。

接下来，我目睹帕柳卡扑出马尔西奥·桑托斯的点球。比分仍然是 0 比 0。接下来的两轮点球中我们和巴西队全都罚进，比分变成 2 比 2。但是我们再次罚丢，而他们的队长邓加则破门得分。就这样，我们接连犯错，将世界杯拱手让给了巴西队。我们又一次在决赛输给巴西队，就像1970 年世界杯一样，就像那场在遥远的墨西哥城举办的决赛。我以前以为，运气可以决定胜负，而今天，我更愿意相信，或许当时天上还有一位明星在注视着巴西队，那就是伟大的赛车手埃尔顿·塞纳，他在世界杯决赛前两个月不幸去世，巴西队后来将世界杯的胜利献给了他。

但在 1994 年的那一刻，我不想去感受所发生的一切。我所做的只是站在球场中央，任由心中百感交集。一般情况下，我会一如既往地将所有感情都埋在心底。但这次我没有压抑自己的感情，我开始哭泣。萨基拥抱了我。他尝试安慰我，而我却挣脱开来。34 岁的我在全世界面前哭尽了眼泪：我为输掉决赛而哭泣，为过去几周所付出的努力而哭泣，为自己罚丢点球而哭泣，为眼看着梦想在最后时刻溜走而哭泣，为我的球队、为我的国家、为我在生活中遭遇的所有苦难而哭泣，为那个赤脚在院子里踢球的男孩梦想的破灭而哭泣。连同 1970 年那个夜晚忍住的眼泪，我都哭了出来。我毫无顾忌地哭泣着，因为我不再害怕显露软弱的一面。

致　谢

　　如果没有我的朋友兼作家费德里科·塔沃拉的帮助，我不可能把这本书写得如此生动。我很感激他，他能够敏锐地捕捉到我的情绪，与我相处时始终保持耐心。他带着笔记本电脑，倾听我说的话，探讨我想要表达的东西，不知疲倦地解读我笔记本上的文字。我俩一有机会就会推敲文本、交流意见：候机时在机场休息室，在酒店大堂，或者在米兰某家咖啡馆喝着卡布奇诺和热巧克力。像我一样，他也不愿成为聚光灯下的焦点，不愿居功。他对我说："这是你的故事，你的生活，你的内心在倾诉，仅此而已。"

　　我非常感谢我的家人、朋友、球迷以及所有支持和爱我的人。起初，我以为接受爱已经足够，但多亏了他们，我才意识到给予爱何其重要。

　　我要感谢所有参与我告别赛的人们：首先是场上场下的所有球员们，他们希望我能够感受到他们的深情厚谊；

最重要的是所有的球迷们，尽管 10 月的那一天天气寒冷，但他们还是填满了圣西罗球场，这种展现爱的方式无与伦比，我将永远铭记在心。

最后，我要感谢帮我出版自传的费尔特里内利集团，特别是编辑弗兰切斯卡·达尔·内格罗，从我俩初次见面以来，她始终支持这个以年轻人为主要受众的项目。那么对于他们，我想说："无论你们选择做什么，我都希望你们能够热爱它，不要放弃梦想，因为有时梦想会成真，就像我所经历的一样。"

译后记

非常荣幸能与后浪出版公司合作，翻译了自己最崇敬的球员、意大利名宿弗朗哥·巴雷西的自传《生而自由》。应该说，我与这本书、与巴雷西冥冥之中存在着某种缘分，因为笔者首次完整关注的世界杯恰恰就是 1994 年美国世界杯，也就是在这本自传中占据重要篇幅的那届杯赛。

1994 年 7 月 18 日，在那个炎炎夏日的凌晨时分，笔者在电视前亲眼见证了意大利队经过点球恶战憾负巴西队的那场巅峰之战，目睹了巴雷西在自己罚出的点球高出门楣后颓然倒地的瞬间，当罗伯托·巴乔同样射丢点球，意大利队输掉比赛，当年的我、电视机前的那个意大利队的新晋球迷，心碎的感觉与万里之外的巴雷西何其相似。

这本自传是巴雷西在意大利传记作家费德里科·塔沃拉的协助下完成，字字句句都浸润着真实而又诚挚的情感，全书 8 个章节均以巴雷西 1994 年世界杯决赛时的回忆作为引子，按照时间顺序记录了巴雷西童年以及球员时代的生活，让读者沉浸式地体验到当年特拉瓦利亚托那个记忆力不佳的农家少年，是如何成长为几乎囊括所有顶级荣誉的世界超一流中卫的。从 14 岁进入 AC 米兰青年队伊始，直到 37 岁挂靴，巴雷西经历了不计其数的挑战，但即便是父母离世这样的地震式打击，也没有摧垮这位硬汉，反倒愈发让他坚定了继续追寻梦想、争取成功的决心。

对于球迷，尤其是在我国有着深厚影响力和庞大粉丝基础的 AC 米兰以及意大利国家队的球迷而言，这本自传拉近了我们与前 AC 米兰及意大利队后防灵魂和精神核心的距离，带我们一同重访了巴雷西的寻梦之旅。其中，巴雷西带我们回顾 AC 米兰如何从降级的阵痛中走出，最终攀上欧洲乃至世界之巅的过程。更令人难忘的是，巴雷西临危受命重新回归国家队，率队出征 1994 年世界杯并最终杀进决赛的经历。这些让我们对这位传奇队长更增添了一份钦敬。

对于普通读者来说，这本自传也绝对值得一读，书中巴雷西排除万难、为实现心中梦想不懈追求的那种执着，能够激励我们在遭遇种种挑战时毫不退缩，迎难而上，始终不放弃自己的目标和理想。

最后，感谢后浪出版公司给了我这次机会，让我以几乎完全忠实于原作的风格，翻译出这本自己心爱球星的自传，也感谢各位编辑老师的审阅和修正。

袁枫

于青岛，2023 年 8 月 28 日

译者简介：

袁枫，外国语言学及英语语言学硕士，师从于中国海洋大学外院副院长任东升教授，主要研究翻译方向。2005 年开始做自由译者，主攻体育（足球类）的翻译和评论。译有《马里奥-巴尔加斯-略萨：他的文学人生》《婴儿心理学》《奥杜瓦伊峡谷的七个故事》《弗诺文奇科幻小说集》《世界科幻杰作选 II》等。

图书在版编目（CIP）数据

生而自由 : 弗朗哥·弗雷西的追梦人生 / (意) 弗
朗哥·巴雷西著 ; 袁枫译 . -- 北京 : 北京联合出版公
司 , 2023.10

ISBN 978-7-5596-7236-0

Ⅰ . ①生… Ⅱ . ①弗… ②袁… Ⅲ . ①弗朗哥·巴雷
西—传记 Ⅳ . ① K835.465.47

中国国家版本馆 CIP 数据核字 (2023) 第 187511 号

Original title: Libero di Sognare

Copyright © Franco Baresi & Federico Tavola

Cover image designed by Gregorio Pastore

The Simplified Chinese edition is published in arrangement through
Sidee Cultural Communication Co., Ltd.

ALL RIGHTS RESERVED

本书中文简体版权归属于银杏树下（上海）图书有限责任公司

北京市版权局著作权合同登记号　图字：01-2023-4470 号

生而自由：弗朗哥·巴雷西的追梦人生

著　者：[意] 弗朗哥·巴雷西　　　译　者：袁 枫

出 品 人：赵红仕　　　　　　　　选题策划：后浪出版公司

出版统筹：吴兴元　　　　　　　　编辑统筹：王 頔

责任编辑：龚 将　　　　　　　　特约编辑：张冰子

营销推广：ONEBOOK　　　　　　装帧制造：墨白空间

排　版：文明娟

北京联合出版公司出版

（北京市西城区德外大街 83 号楼 9 层　100088）

天津图文方嘉印刷有限公司印刷　新华书店经销

字数 87 千字　889 毫米 × 1194 毫米　1/32　5.5 印张

2023 年 10 月第 1 版　2023 年 10 月第 1 次印刷

ISBN 978-7-5596-7236-0

定价：78.00 元